U0839523

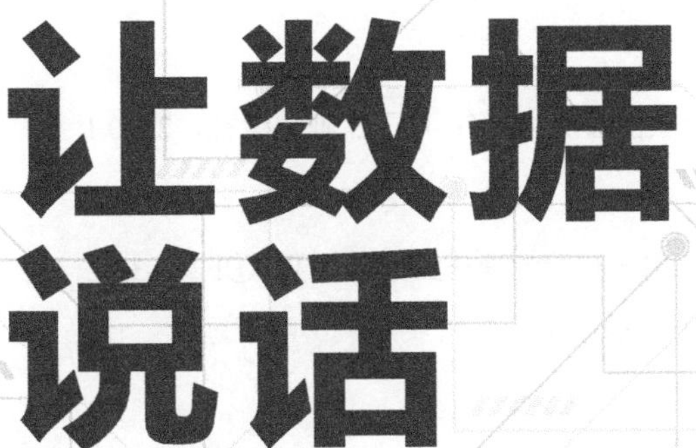

让数据说话

管理流程提升最佳实践

李庆能 著

電子工業出版社
Publishing House of Electronics Industry
北京·BEIJING

图书在版编目（CIP）数据

让数据说话：管理流程提升最佳实践 / 李庆能著. —北京：电子工业出版社，2020.1

ISBN 978-7-121-37573-6

Ⅰ. ①让… Ⅱ. ①李… Ⅲ. ①数据处理－应用－企业管理－业务流程 Ⅳ. ①F272-39

中国版本图书馆 CIP 数据核字（2019）第 218681 号

责任编辑：吴亚芬　　　　特约编辑：田学清
印　　刷：北京盛通商印快线网络科技有限公司
装　　订：北京盛通商印快线网络科技有限公司
出版发行：电子工业出版社
　　　　　北京市海淀区万寿路 173 信箱　　　　邮编：100036
开　　本：720×1000　1/16　　印张：13.25　　字数：200 千字
版　　次：2020 年 1 月第 1 版
印　　次：2021 年 1 月第 4 次印刷
定　　价：59.00 元

凡所购买电子工业出版社图书有缺损问题，请向购买书店调换。若书店售缺，请与本社发行部联系，联系及邮购电话：（010）88254888，88258888。

质量投诉请发邮件至 zlts@phei.com.cn，盗版侵权举报请发邮件至 dbqq@phei.com.cn。

本书咨询联系方式：（010）88254199，sjb@phei.com.cn。

推荐序

与李庆能老师相识于 2019 年年初，一见如故。

笔墨纸间、思想交错，李老师治学严谨、知行合一。作为北大纵横管理咨询集团流程研究院院长，很高兴为李老师的新书作序，对李老师为流程与信息化有机结合并推及应用到众多企业所做出的贡献，表示由衷的敬仰！

目前，信息技术已经改变了人们工作和生活的方方面面，对企业管理也产生了巨大影响。如果企业管理没有信息技术作为支撑手段，那么效率是很难提升的。对于做流程管理的人士来说，对企业的流程再造或流程优化也需要通过信息化这种手段，才能使优化后的流程效率得到大幅度的提升和改善。

流程管理在国内企业中已经普遍得到重视，这方面的人才很多。同时，在各类企业中也有很多从事信息化工作的人员。虽然从事流程管理和信息化工作的人员在工作中来往密切，却似乎彼此有界限，有时甚至会产生矛盾。这往往是因为对业务和信息化的理解不同，以及对因管理需要而产生的对信息化的需求理解不同所造成的。问题的产生主要是因为没有站在对方的角度理解需求，未能将两者很好地结合。

李老师是国内流程管理领域的资深专家。他不但有丰富的企业工作经验，而且还有多年的 IT 行业从业经验及管理咨询行业的实践经验。我看过很多流程管理方面的书，发现很少有将流程管理和信息化有机结合起来的书。这本书是李老师多年实践经验的总结和提升。书中的很多模型和案例是他在为企业多年服务的过程中总结出来的最佳实践。通过学习这些案例，能够知道信息化和流程是如何结合的，不仅有认识与启发感悟，更有实践的指导意义。

这本书的出版，将填补流程和信息化如何融合的专业领域的空白。对如何更好地利用信息化管好流程、用好流程，会有很大的帮助，对 IT 人员如何理解业务，如何更好地、更有效率地开发适用的 IT 系统也有很大的帮助。

这本书已被列为北大纵横管理咨询集团流程研究院必修教材，李庆能先生作为研究院 2019 年全球流程专家 TOP100 人士，为划时代的流程管理革新做出了很大贡献！

希望读者能够从本书中获得收益，给自己的工作带来帮助。

北大纵横管理咨询集团流程研究院院长

前言

我在为企业服务时，曾经和某企业信息化负责人交流。在谈到信息化时，他特别强调："我们不能把现有的流程照搬到系统中。我们企业更关心流程是否合理？如果不合理该怎么优化？这是应该首先解决的重要问题，在此基础之上再开发软件。"这是经验之谈。

现在有不少企业信息化做得不好，开发的信息系统不适用、不好用，而且在系统运行后又在不停地修改。其主要原因之一就是在开始信息化之前没有做基于企业管理目标和管理要求的流程优化。为此，国内的很多 IT 公司曾经招聘了不少管理咨询专家，目的就是给企业提供流程与信息化一体化整合解决方案，先梳理和优化流程，然后再用 IT 固化。其初衷是好的，但结果并不如人意。究其原因，主要是管理咨询专家、业务人员、流程管理人员等非 IT 人员不懂 IT，而 IT 人员不懂业务、不了解管理的要求，之间出现了沟通障碍，导致开发的系统出现了问题。

本书的编写目的就是给这些相关人员搭建一座桥梁，提供流程与信息化一体化整合的方法，让 IT 人员能够更好地理解企业管理和业务流程对信息系统的需求，让非 IT 人员能够更好地理解信息技术的特点及应用。当前，国内不少企业已经将流程管理部门和 IT 部门进行了整合，成立了流程信息化部，统一负责流程管理和 IT 工作，这也说明了流程与信息化整合的必要性。介绍流程管理或信息化的书籍比较多，但很少见到将流程管理与信息化两者结合起来的书。本书可以弥补这方面的不足。

信息化已经得到广泛的应用，是企业发展的助推器。但是，大量的应用实践表明，信息技术只是一种管理手段和工具，企业应当更多关注在信息化环境下流程的改造、新流程的适应性，以及对流程监控和优化等问题。流程优化大多离不开信息化，或者说如果没有信息化，很多流程很难做到显著的优化，效率难以得到大幅度的提升。因此，应当从更高的视角，从如何经营管理一个企业的角度来看待信息化对企业管理的支撑作用，将两者有机地结合起来。本书提出的基于流程的人和信息系统交互与分工模型、流程管理的 PDCAI 循环、软件需求 PF 分析法、流程与信息化一体化整合模型等，可以让读者能够更深刻地理解流程与信息化一体化整合的内涵和必要性。本书涉及流程管理和信息技术两大专业领域，但我会用读者易于接受的方式和语言来介绍和描述专业知识，并尽量做到语言精练、通俗易懂。

本书有以下特点。

（1）将流程管理与信息化有机融合。我在某外企工作时使用过美国某企业资源计划（Enterprise Resource Planning，ERP）软件，后来又亲自负责实施过 30 多个 IT 项目和管理咨询项目，熟悉各类企业的业务特点、管理模式和业务流程，对信息化在企业中的应用有深刻的认知和感悟。我深刻体会到将两者有机融合的必要性，并总结了如何将两者进行融合的方法，避免因为不能很好地融合而形成的“不协调”的现象。

（2）与理论方法相匹配的案例。案例涉及不同性质、不同行业的知名企业，具有一定的启发性和参考价值。需要说明的是，为避免涉及企业敏感信息，在不影响读者阅读和理解的前提下已将案例做了适当的处理。

（3）采用模块化设计。各章内容相对独立，读者可以选择性地阅读。此外，通过“本书阅读指引图”，读者能够快速检索到自己需要的内容，可节省阅读时间。

在中国质量协会过程管理与流程框架推进办公室、中国电子信息产业发展研究院、北京中电企研信息科学研究院等机构举办的流程管理师、流程架构师、流程管理与企业信息化、信息化与业务流程管理公开课讲座，以及企业内训课中，社会各界学员和企业学员检验了本书的观点，提供了自己企业的优秀流程和信息化案例，并和我进行了深入的交流和探讨。此外，我服务过的数十家企业的管理人员和 IT 人员，慷慨地分享了他们的经验和智慧，让我有机会了解他们的企业文化和管理实务，对此深表谢意。

本书读者对象为各类组织中的以下人员：

- 流程管理人员；
- IT 人员，包括信息化规划、软件开发、软件需求分析和软件实施人员。

在本书的编写过程中，很多朋友提供了宝贵的意见和建议，在此表示衷心的感谢！特别感谢以下专家和朋友提供的支持和帮助：北京中电力企业管理咨询有限责任公司董事长虞旭清、北京炎黄盈动科技发展有限责任公司生态系统副总裁刘杰，以及李文浩、赵海峰、刘飞、牟喜红、董丹杰、李根明、吴涛、姚金胜、曹晓东、高洪福、王宁等。期望各界朋友和我针对流程管理和信息化建设方面的专题进行深入探讨，并提出宝贵意见和建议。不妥之处，敬请批评指正。

李庆能

目 录

尽管信息技术在企业再造中起了显著的作用，但迄今已经可以看得清楚：再造与自动化并不是一回事。利用信息技术使现有的流程自动化，这类似于重新铺路。对于做错事来说，自动化也完全能提高做错事的效率。

——迈克尔·哈默

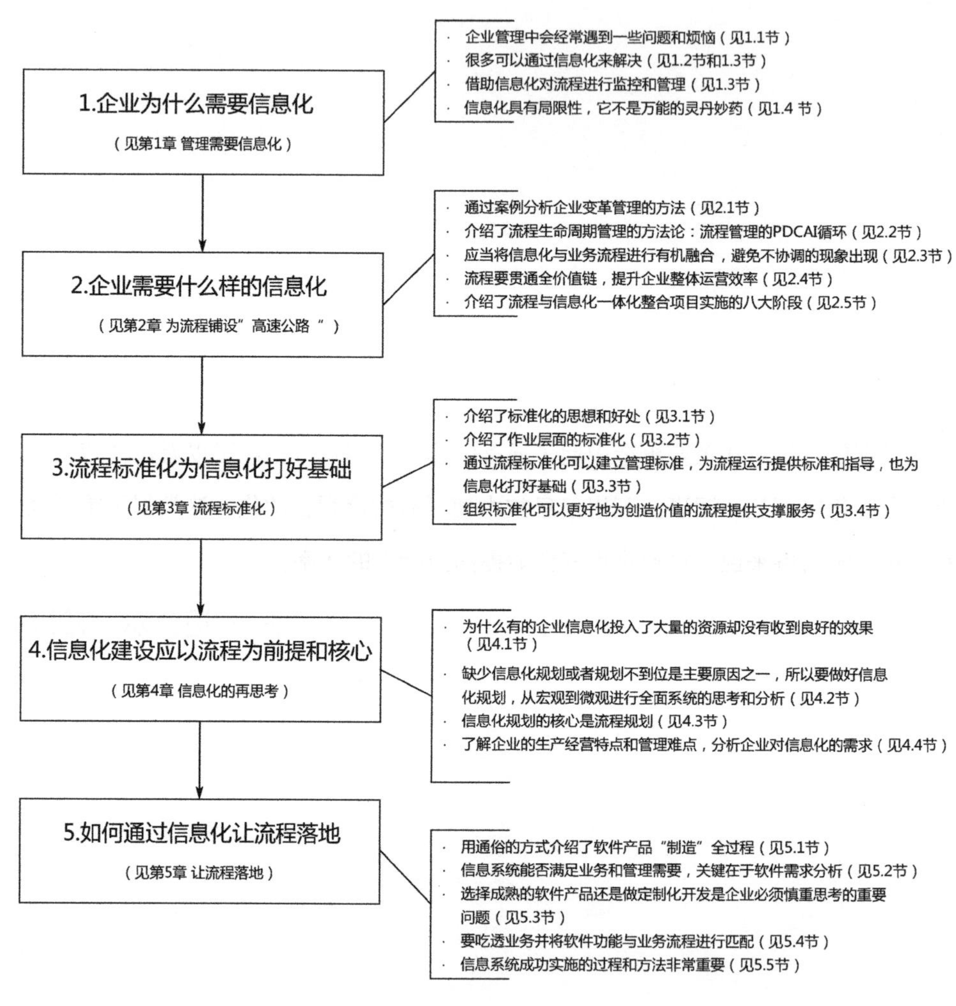
1.企业为什么需要信息化
（见第1章 管理需要信息化）
· 企业管理中会经常遇到一些问题和烦恼（见1.1节）
· 很多可以通过信息化来解决（见1.2节和1.3节）
· 借助信息化对流程进行监控和管理（见1.3节）
· 信息化具有局限性，它不是万能的灵丹妙药（见1.4 节）
2.企业需要什么样的信息化
（见第2章 为流程铺设”高速公路“）
· 通过案例分析企业变革管理的方法（见2.1节）
· 介绍了流程生命周期管理的方法论：流程管理的PDCAI循环（见2.2节）
· 应当将信息化与业务流程进行有机融合，避免不协调的现象出现（见2.3节）
· 流程要贯通全价值链，提升企业整体运营效率（见2.4节）
· 介绍了流程与信息化一体化整合项目实施的八大阶段（见2.5节）
3.流程标准化为信息化打好基础
（见第3章 流程标准化）
· 介绍了标准化的思想和好处（见3.1节）
· 介绍了作业层面的标准化（见3.2节）
· 通过流程标准化可以建立管理标准，为流程运行提供标准和指导，也为信息化打好基础（见3.3节）
· 组织标准化可以更好地为创造价值的流程提供支撑服务（见3.4节）
4.信息化建设应以流程为前提和核心
（见第4章 信息化的再思考）
· 为什么有的企业信息化投入了大量的资源却没有收到良好的效果（见4.1节）
· 缺少信息化规划或者规划不到位是主要原因之一，所以要做好信息化规划，从宏观到微观进行全面系统的思考和分析（见4.2节）
· 信息化规划的核心是流程规划（见4.3节）
· 了解企业的生产经营特点和管理难点，分析企业对信息化的需求（见4.4节）
5.如何通过信息化让流程落地
（见第5章 让流程落地）
· 用通俗的方式介绍了软件产品“制造”全过程（见5.1节）
· 信息系统能否满足业务和管理需要，关键在于软件需求分析（见5.2节）
· 选择成熟的软件产品还是做定制化开发是企业必须慎重思考的重要问题（见5.3节）
· 要吃透业务并将软件功能与业务流程进行匹配（见5.4节）
· 信息系统成功实施的过程和方法非常重要（见5.5节）

本书阅读指引图

第 1 章阅读导引

企业为什么需要信息化？这是企业管理者经常会问的一个问题。

本章首先通过案例介绍了企业管理者经常会遇到的一些问题和烦恼（见 1.1 节）。之后，分析了信息化能够给企业带来什么，以及如何通过信息化解决 1.1 节中提到的问题（见 1.2 节）。其次介绍如何借助信息化再造企业，对流程进行监控和管理，提升企业整体运营效率和管理水平（见 1.3 节）。最后，指出信息化的局限性：有些问题信息化是解决不了的，信息化不是万能的灵丹妙药（见 1.4 节）。

第 1 章

管理需要信息化

1.1　管理者的烦恼

作为国家发展战略的需要，中华人民共和国工业和信息化部（以下简称工信部）提出了两化融合，两化融合是信息化和工业化的高层次的深度结合，是以信息化带动工业化，走新型工业化道路，发挥后发优势，实现社会生产力的跨越式发展。两化融合的核心就是以信息化或信息技术作支撑，提升企业经营管理效率，追求可持续发展模式。

当今，信息化广泛应用于日常生活和企业的方方面面，给人们带来很大的便利和好处。通过信息化可以无须远行，全天候办理公务和处理业务。但更为重要的是，信息化还能为企业解决一些管理上的难题，减轻管理者的负担。

企业在成长过程中会经历具有不同特点和危机的若干发展阶段，这要求企业在各个方面实施不断的变革，这关系到整个企业的应变能力和管理效率，直接影响着企业经营目标的实现。不同的企业，行业不同，规模不同，发展阶段不同，遇到的问题不同，企业发展战略、目标和业务重点不同，管理模式也会不同，存在不同的管理需求和管理难点，即使是优秀的企业也存在一些管理难题，可谓家家有本难念的经。但是，这些难题很多可以借助信息技术手段加以解决。

案例 1：
我想做一个“工作写实系统”

A 公司是一家央企下属的省级分公司，属于服务行业。公司下辖十几个地市分公司、县级公司等，下属单位分布在全省各地，而且层级较多。如何有效管理下属单位的上千名员工成了公司总经理及其高管们的重要议题。

公司多次召开会议，研究如何用信息化的手段来解决这个问题。困惑企业高管们的问题核心是下属单位多，而且分散在省内各地。下属单位经常抱怨人手紧张，要求增加人员。那么，下属单位的员工每天到底做了什么工作，他们的工作量有多大，工作效果如何，是否能够令客户满意，如何进行监控等，这些都是领导非常关心的问题。

王总在会上说："我想知道下面的员工每天都干了些什么，干了多少。我觉得信息化是一种很好的工具和手段，我想做一个'工作写实系统'，尽可能地将员工的工作做到量化，让多干的员工多些收入，我想这个'工作写实系统'记录的内容应该包括员工姓名、工作时间段、工作地点、工作内容和效果、服务客户签字、服务客户电话、主管确认等。"

随着企业的发展，企业规模会越来越大，人员会越来越多，管理的层级也会增加，下属单位增多。而且，现在企业并购活动多，通过投资并购，外地的分支机构会越来越多。如何管理这些下属单位，体现多劳多得的原则，充分调动员工的积极性，做到奖勤罚懒，是每个领导者都关心的问题。

案例 1 中 A 公司采用"工作写实系统"是一个不错的选择。在开发和实施这个系统之前，应当考虑清楚如何管理下属员工，管些什么，管到什么程度。要抓住管理者关心的主要内容，如对工作时间和考勤的管理；处理工单情况，记录接收数量和处理数量及处理的结果；接收客户的反馈信息；记录对客户的回访；调查客户满意度等。通常，日常性的、重复性的、易于实现标准化的工作都可以采用这个"工作写实系统"进行管理。

案例 2：

如何监管全国各地的分支机构

B 集团公司是从事多种经营的大型企业集团，由于历史原因，集团涉及多个产业，主要产业门类包括煤炭生产和销售、化工产品生产、建筑安装、矿产品加工、矿建服务、汽车运输、商贸服务、种养殖等。提供的主要产品有煤炭、水泥、截齿、矿用锚杆、树脂、防冻粉、托辊、矿车、风筒、编织袋等。现有下属单位 29 家，分布在几个省市，以煤炭、化工产品和矿产品生产为重点。

最令集团总裁郑总头痛的是，各单位数据上报不及时，统计起来费时费力，数据不准确。甚至有的下属单位的生产、销售、收入和利润等数据有瞒报和漏报的情况。如何加强对下属单位的管理，及时有效地对生产经营的各种信息进行监管，及时发现问题，并保证各种生产经营数据的收集和上报的及时性和准确性，这些都是郑总关心的问题。为此，集团聘请外部专家来帮助解决管理上的难题。

在集团高管和专家的研讨会上，专家与郑总进行沟通和交流。

专家："平时你们对下属单位做过检查吗？多长时间做一次？你们怎么对下属单位进行监督和检查？"

郑总："我们集团曾经组成了一个检查组，由张总带队，对下属单位做巡视检查。我们的下属单位太多，总共 29 家，而且都不在一个地方。我们上午检查一家，下午检查一家，即使这样一天也就检查两家，跑一圈下来就要半个月，然后再写报告用上几天，一个月就过去了。别的事情我们什么都干不成了，每个月只做检查了。"

专家："那后来怎么样？"

集团的副总裁张总插话："这样检查不可能很深入，走马观花，效果肯定不好。所以，没过多长时间检查组就解散了。"

专家："你们还想过其他办法吗？"

郑总笑了笑："这些年来，我们整天在想，也没有想出什么好的办法。要不然，怎么会请你们专家来给我们指导呢？"

专家："你们觉得目前的主要管理难点在哪里？"

郑总："管理难点啊，我觉得主要是下属单位太多，太分散，离得太远，信息传递得太慢，报表报送的不及时。所以，不能及时监管各个单位。所有的这些监管都是事后的，事情已经发生，再说也没有用了。还有就是涉及的产业太多，各个单位的报表内容和格式真是五花八门，什么样的都有，不统一，有时我们看报表看得眼花缭乱。"

案例 2 中郑总遇到的问题带有普遍性。那么，如何解决这些问题呢？信息化是一种很好的工具和手段。当然，在上信息化之前，需要对业务进行深入的调研和分析。

经过深入的讨论和交流，专家对集团的现状和存在的问题有了一个全面的了解。综合起来，该集团业务管理特点及管理难点如下。

（1）二级单位多，而且涉及的产业多。

（2）组织机构不同。二级单位机构设置不同，各个部门的职能不同。

（3）管理模式不同。各个二级单位的业务、业务流程不同，其管理模式也不同。有连续生产型、项目型、订单型。而且有的做计划，有的没有做计划。

（4）考核方式不同。因为产品不同、业务不同、规模不同，所以集团对二级单位的考核指标不尽相同，有的是以成本为中心，有的是以利润为中心。主要指标有产值、成本、利润。

(5) 统计报表多样。由于产品、业务不同，反映其内容的单据和报表的内容也不同、格式也不一样。

(6) 二级单位地域分散。由于历史原因，集团下属单位几乎没有在同一个地方的，这些二级单位分散在多个省，文件传送时间长，报表报送不及时。

通过建立信息系统往往可以解决企业遇到的一些管理问题和管理难点。

信息系统是由计算机硬件、网络和通信设备、计算机软件、信息资源、信息用户和规章制度组成的以处理信息为目的的人机一体化系统。在本书中信息系统有时专指计算机软件部分。

信息系统有五个基本功能：输入、存储、处理、输出和控制。信息系统的输入功能取决于系统所要达到的目的及系统的能力和信息环境的许可。存储功能指的是系统存储各种信息资料和数据的能力。处理功能基于数据仓库技术的联机分析处理和数据挖掘技术。信息系统的各种功能都是为了保证最终实现最佳的输出功能。控制功能对构成系统的各种信息处理设备进行控制和管理，对整个信息加工、处理、传输、输出等环节通过各种程序进行控制。

专家认为通过建立一个信息系统可以解决高管对各种生产经营决策信息的要求，可以实现以下一些功能：

- 制定经营指标，包括产值、产销量、利润、折旧费、维简费等。
- 制订各种计划，包括营销、生产、专项资金、成本等方面的计划。
- 能够实现对以上各种计划的跟踪功能；能够进行成本核算。
- 能够对费用进行控制，包括制造费用、管理费用、销售费用等。

- 能够输出各种统计报表，用表格和图形输出。

专家提出的这个系统叫作综合业务决策支持系统，主要是为管理者尤其是高层领导服务的。综合业务决策支持系统要给高层领导提供必要的信息，因为集团下属公司涉及的产业很多，产品不同，业务不同，业务流程复杂，管理模式有差异，单据（业务记录）和报表（汇总统计、对比分析、考核）有差异，考核方式也不尽相同，所以考虑到这些情况，开始先做宏观管控，先考虑大的模块和高层领导要的“终端大数据”，也就是不涉及业务细节，而具体的业务则由其他子系统处理，如采购、库存、生产调度、销售、设备、工程等其他系统实现和处理，可以从各个系统抽取数据。等待时机成熟后再对各个子系统进行功能完善。系统设计可以先粗后细，先把主要的数据纳入系统，通过信息系统收集上来；再逐渐地细化各个子系统；最后把更多、更详细的数据纳入系统。

该集团信息化建设的意义在于给集团决策层提供一种强有力的管理工具，使集团公司的管理更加快捷和准确。综合业务决策支持系统由系统管理、计划管理和辅助决策三个子系统构成。综合业务决策支持系统的应用，将在以下方面给集团公司带来管理效率的提升。

在计划管理方面，为制订经营计划与营销计划提供了市场预测、产品利润计划、市场计划、产品竞争力分析、产品季节分析、产品地域分析、产品客户分析等功能，使计划的制订建立在坚实的基础之上，保证了计划的科学性与可执行性。同时，在整体计划的基础上，通过制订营销计划、营销任务计划、营销费用计划和产品利润计划等使企业经营目标层层分解，最后形成一个科学、可执行、可考核的计划。

在辅助决策方面，为决策者提供企业的现场数据、预测数据、销售方面的数据及决策所需的各种综合信息，为企业决策提供科学、真实的依据。同时，通过系统使企业管理者了解企业运行状况，可以查看销售状况、库存状况、生产状况、成本控制、资本投入分配等状况，随时了解、掌握市场动态需求，并对企业内外部存在的问题及时解决，加强企业各环节的协调能力和对外部市场的应变能力。

通过这个系统可以达到以下目的。

（1）提高数据处理效率，减轻劳动强度。

（2）按照下属单位涉及的产业类型设计不同的经营管理报表，便于数据的统计和分析。

（3）加强计划性和过程控制，方便对计划的跟踪，保证下属单位按集团的规定和要求执行。

（4）增强管理的透明度，有利于集团及时调整政策和策略。

（5）及时收集下属单位的各种生产经营的数据和信息，辅助管理决策。

（6）加强资金的计划性和有效管理。例如，欠款跟踪和催缴，资金使用和周转的监控。

（7）实时了解各地库存状况，做到物资的精准采购和调配。

通过信息化建设改变了传统工作方式，使信息流通快捷迅速，安全准确，提升了工作效率，降低了办公成本。

1.2　企业再造的助手

如今就像人们离不开电一样，人们也离不开计算机和网络。信息技术的应用使人有了“超级大脑”（大量复杂的计算）、“顺风耳”和“千里眼”（异地的沟通和交流、跨地域的监控和管理）。

在计算机和互联网出现之前，业务活动都是由人工处理来完成的，即人工流程。人工流程指业务活动通过人工处理来完成的流程。实现信息化后，流程自动化，流程实现了“自动”流转。这种流程可以称作自动流程。自动流程指利用信息系统通过工作流实现业务活动自动流转的流程。让更多的流程实现自动化，就能够大幅度提高效率。

信息技术之所以迅速普及是因为它能给企业带来很多好处。利用互联网和信息系统通常能够给人们带来以下好处。

- 通过软件将流程固化，防止了人为因素的干扰而随意改变流程，实施“无情”的“软约束”。
- 快速完成大量复杂和重复的计算工作，减少人员的工作量，同时也降低差错率。
- 共享信息，可以及时了解相关的业务信息。
- 实现异地及时沟通和交流。
- 对业务流程进行实时监控。
- 实现对跨地域业务和人员的管理和控制。
- 可以快速定制各种规定格式的报表。
- 全天候、不间断地处理公文或业务。
- 实现无纸化协同办公，不仅提高办公效率，而且还能节约纸张。

企业生产经营各项活动中通常包括四个流：实物流、信息流、票据流、资金流。各项活动首先是有信息流，例如，市场上需要什么样的产品，什么时候提供，什么时候采购原材料，什么时候生产，生产多少，什么时候发货等。获得了这些信息后，才能进行采购、运输、生产、销售等，产生实物流。这期间从供应商、企业、经销商、客户物料和产品的转移和接收产生相应的票据，作为业务和财务记账的凭证，它们的运动产生了票据流。同时，伴随着的还有资金流，资金从客户到经销商，再到企业，再到供应商。

信息化主要是解决信息交互的问题，也就是信息流的问题。信息化使得信息流转更快捷、更顺畅、更高效。如今的计算机、手机、互联网和移动互联网对人们的日常生活和工作带来如此之大的影响，主要就是因为它们改变了人们获取信息的方式和方法，为决策提供了大量有用和及时的信息。

信息化的普及程度与行业特性有很大的关系。某些行业的信息化应用和普及程度很高，信息系统数量很多，如银行、电信、证券、保险、旅游等服务行业。相对于制造业，这些行业的实物流相对较少，需要及时处理大量的信息。因此，信息化普及程度相对就比较高，信息化对业务的覆盖率高。

案例 3：
C 公司利用信息系统实现了扁平化管理

C 公司是一家全国性集团公司下属的一家省级电信服务公司，负责通信线路的维护和保养。其组织机构由上至下分为四个层级，即省公司—地市分公司—分局（区域分局，若干个县组成）—县维护站。由于层级较多，上级的命令不能快速到达县维护站的基层员工，而县维护站需要上级提供技术支持时也要层层上报。因为环节多，工作执行缓慢，支持不到位，经常会引起客户的抱怨和不满。公司领导意识到了这个问题及其严重性，为了提供优质、快捷的服务，减少行政管理工作，提高竞争力，公司需要提高市场响应速度、减少组织层级、实现扁平化管理。这样才能提高上下级沟通的效率。为此提出了撤销分局，优化地市局，做到小行政、大服务的要求。各个部门要始终以一线员工为服务对象，为一线提供指导和支撑服务。公司也对同行业做得比较好的企业做了调研，了解到了同行业在此方面的应用情况，认识到需要信息化做支撑。

当一线服务人员有问题解决不了时，通过互联网利用信息系统将问题快速上报，上级通过信息系统及时了解问题和情况，给予人力支持和技术支持。以往是逐级上报，流程没有“穿透”，环节太多，造成效率低下。通过取消分局这一个层级，县维护站上报的问题地市分公司和省级公司都可以看到。一般先由地市分公司受理，当地市分公司处理不了时，再由省级公司派专业技术人员去解决。从而缩短了处理问题的时间，提升了客户满意度。

要实现扁平化管理，信息化是一种很好的手段和工具。案例 3 中 C 公司利用信息系统实现了扁平化管理，如图 1-1 所示。通过互联网，技术支撑人员有了“千里眼”，能够及时了解下属单位业务情况和发生的问题，提供及时的技术支持。对于服务行业，提供快捷的服务是提升客户满意度的重要因素之一，所以，流程一定要做到“简短、方便、快捷”，这样才能提高效率，提高竞争力。

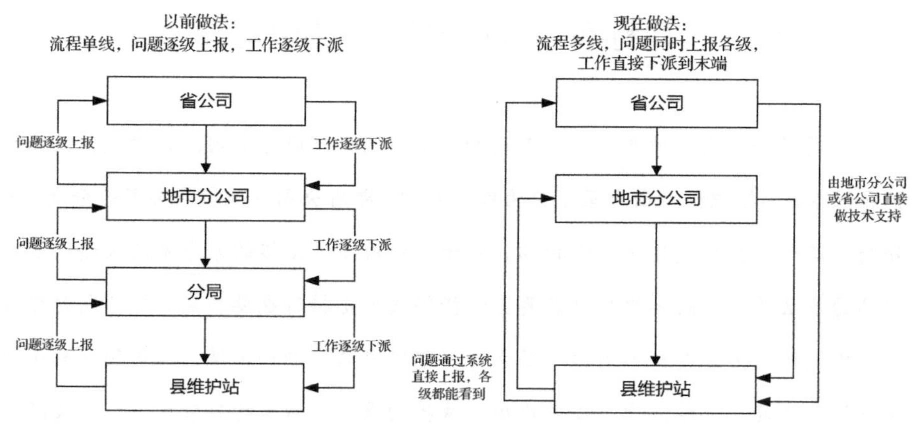

图 1-1　C 公司利用信息系统实现了扁平化管理

案例 4:

D 集团通过信息化加强了采购的集中管控

D 集团是全球最大的钢铁制造厂商之一，客户遍布全球 60 个国家。集团在国内有 13 个子公司，在 9 个国家设有钢铁厂、原料加工厂、销售公司等。全球多地有分支机构，每年采购物料的种类繁多、金额庞大，加之，供应商众多，而且分布在全球各地，这些问题给集团的采购带来巨大挑战。

随着互联网的兴起，集团认识到通过互联网可以把全球的供应商很方便地联系在一起，随时进行信息交互，完成采购业务，提高整个供应链的效率。集团以机械、通信、建筑、运输、电子、化工等有关产业为对象，构筑电子采购物品目录。集团以前的采购由分布在全球各地的分支机构各自进行。通过互联网建立起的这个电子采购平台，集团采用完全集中的采购模式。该公司下设采购部对采购工作进行统一管理。集团通过几家大型公司共同构建的通用电子交易平台和集团特定物品电子采购平台两个电子采购系统进行集中采购。在网站上采购的商品种类有 13 万种。

采购的物料分直接生产物料和间接物料。直接生产物料是指企业生产所必需的生产性直接原材料。间接物料是指维持企业生产活动持续进行的维护、修理、装配等间接物料（包括备品备件、零部件等）以及维持企业运作所需的行政性日常用品（如办公用品、计算机以及服务等）。

集团通过通用电子交易平台实现对间接物料的电子采购。间接物料具有微小的战略意义和高度的自动化潜力，其价格相对较低，采购周期不定，供应商来源广泛，价格随采购批次变动可能较大，采购成本较高。对于间接物料，电子采购的实施可以使企业的采购组织抛开那些烦琐的寻找供应商的过程。供应商可以自行在有关网站上注册自己的产品信息，企业内部的员工充当寻找物料即选择供应商的角色，在网站上相应的产品目录（供应商的B2B销售系统或是服务托管的产品目录）里面挑选自己所要购买的物品。从图1-2可以看出，通过电子采购，简化了流程，集团及下属子公司采购时不再需要每次重复申请购买、估价/投标、签订合同等活动，减少了资源的投入，提高了效率。

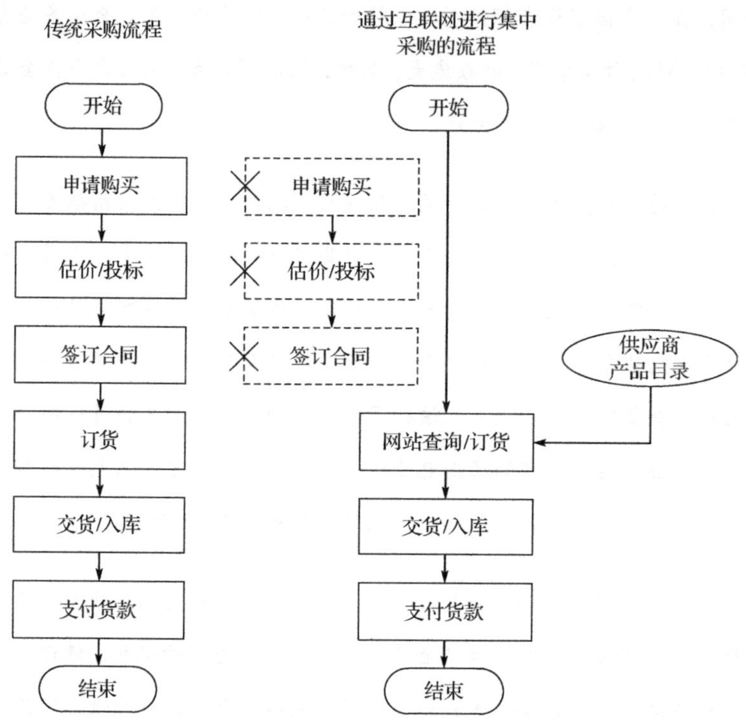

图1-2　传统采购流程与通过互联网进行集中采购的流程对比

将有共性的物品通过电子采购系统进行集中采购，能使企业内部的采购人员集中精力从事企业主要的物品采购活动，特别是战略采购活动。

通过电子采购系统集团直接连接和贯通与供应商的所有业务流程，给供应商全面开放的参与机会，以达到公正、透明的采购。集团的电子采购系统对供应商的发掘、投标、信息共享等所有采购流程带来了革新，使公司与公司直接交流，共享信息，加强了集团对供应商的管理，尤其是与重要供应商战略合作伙伴关系的建立，最终实现“构筑一个集团与客户、供应商都能获得双赢的系统”的战略目标。

在案例 4 中，可以看到 D 集团通过建立电子采购平台，不仅对供应商全面开放，做到采购的公正、透明，而且解决了采购中可能存在的不良行为，减少了采购前期供应商寻找、询价、谈判、签订合同等繁杂重复的活动，节省了成本，提高了效率。从这个案例可以得到以下启示。

(1) 通过互联网，可以改变管控模式。例如，将各个分支机构的分散采购变为集中采购，实现对采购的集中管理和监控。

(2) 通过集中采购，可以降低采购成本。因为集中采购批量大，所以能够得到更大的价格优惠。

(3) 电子采购平台的建立，可以减少采购环节。减少工作量，从而提高了流程效率，降低了企业内部运营成本。

(4) 方便对采购资金的控制。采购集中管理，便于应付账款的管理，资金更容易控制，同时也降低了企业运营风险。

国外的企业能够很快将新的技术和工具应用于企业管理的实践当中。而这么多年以来，似乎国内企业尤其是大型企业集团，基于互联网的电子采购平台很少，这值得人们深思。由此，可以看出国内企业擅长于规划、设计、研究，有的研究还很深入，但是，研究成果在企业中的应用还不够，这方面亟待加强。

1.3 流程的监控和管理

1. 信息化的广泛使用

进入 21 世纪以来，信息技术正在飞速发展，信息技术从一场技术革命转化为一场产业革命，并成为世界经济和社会发展不可逆转的大趋势。在“互联网+”的时代，人们更离不开信息化。“互联网+”是一种思维方式，而不只是一种工具。它是从经营企业的层面考虑用互联网改善业务和业务流程，使企业更具竞争优势。

案例 5：信息化在 E 公司的广泛应用

E 公司是某央企下属的省级分公司，在电信行业中也是佼佼者。由于行业本身竞争激烈，为了提高效率，缩短客户响应时间，获取和保留客户，公司开发了大量的信息系统。公司总共有 90 多个信息系统（包括 App）。

公司的系统可以分为五大部分：管理支撑系统（Management Supporting System，MSS），业务支撑系统（Business Supporting System，BSS），运营支撑系统（Operation Supporting System，OSS），数据架构信息系统，基础平台信息系统，如图 1-3 所示。

（1）管理支撑系统（MSS），面向企业内部管理，处理业务包括财务、工程、人力资源、采购、物流、仓储管理、决策分析等，总共有 11 个子系统。

（2）业务支撑系统（BSS），面向市场和客户，处理业务包括客户关系管理、计费、结算、营销分析等，总共有 25 个子系统。

(3) 运营支撑系统 (OSS)，面向网络运营和管理，处理业务包括网络资源管理、服务开通、服务管理、网络运维等，总共有 16 个子系统。

(4) 数据架构信息系统，处理业务包括数据模型、运营数据仓储（Operational Data Store，ODS)、数据仓库等，总共有 4 个子系统。

(5) 基础平台信息系统，处理业务包括应用整合平台、IT 支撑网络、数据中心等，总共有 9 个子系统。

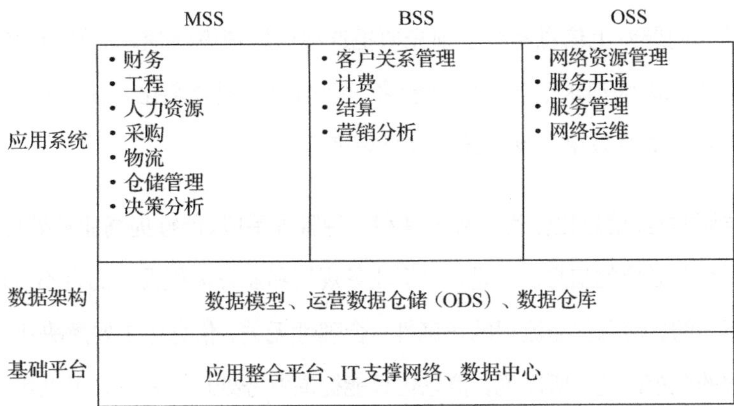

图 1-3　E 公司 IT 技术架构功能范围

这些系统涵盖了前端面向市场和客户的业务流程，还有后端的管理和运营支撑流程，信息化对业务覆盖率高，流程的“自动化”程度高。这些系统常常需要相互取数，以便完成某项业务。为了办理一项业务，常常需要经过几个系统的处理、在几个系统中切换完成。有了这些系统，减少了人工输入工作量，减少了差错，同时也使业务活动在系统中留痕，便于追溯。

公司还开发了很多 App，利用移动设备（如手机和平板电脑）员工可以实现移动办公。此外，通过公司的 O2O 平台，客户和员工可以在平台上直接办理相关的业务，提高了工作效率，方便了客户，同时也缩短了客户响应时间，减少了客户的流失。

从案例5中能够看出E公司以及这家公司所处的行业信息化的普及程度很高，信息化覆盖率也很高。这反映了行业的特点以及客户对交付服务响应时间的要求，也是行业竞争的结果。这也说明企业信息化的普及程度受外部环境影响很大。

信息化目前已经在企业中获得了广泛的应用。当今企业管理已经离不开信息化。企业开发和应用信息系统，不是为了赶时髦，看到别的企业上了某个系统，觉得很好，自己也想上一套系统。实施信息系统关键是看企业的需要。为什么要实施信息化？实施什么样的信息系统？信息系统能够提供什么样的功能？解决什么问题？不能解决什么问题？上信息系统之前先要把这些问题考虑清楚，不能为了信息化而信息化。更不能因为追求信息系统功能多，把简单问题复杂化，让操作变得复杂。这样，不但没有提高效率，反而还会降低效率。

需要强调的是，信息化作为一种工具和一种管理手段，能够提高业务处理的效率，并能够及时获取必要的信息。但是，对于业务规划和业务流程设计的合不合理，信息化是解决不了的。信息化与流程的正确性、合理性无关。信息化主要解决业务处理和对业务流程的监控问题。所以说，信息化只能提高业务处理的效率，用以代替人来处理数据，并不能解决人的问题，也不能解决流程的正确与否、合理与否的问题。

信息化的应用和普及程度与行业有很大的关系。不同行业由于业务特点不同，信息化的应用和普及程度是不同的。一般来说，那些业务复杂、产品复杂、业务数据处理量大、对数据及时性要求高的企业对信息化的需求更迫切。企业的规模和地域分散程度也影响企业对信息化的需求，集团公司规模大、分（子）公司多而且地域分散的企业，为了监控和管理业务流程，信息化的应用和普及程度就高一些，信息系统就多一些。

大型制造企业，如飞机、汽车、工程机械等的制造企业，这类企业不仅规模大、分支机构多，而且产品种类多、产品复杂，组成产品的零部件数量多且零部件的种类也多，信息处理量大。从销售接收订单开始，到产品设计、工艺设计、生产计划制订、物料采购、生产计划编排、仓储、物流、售后服务、备品备件管理等，业务流程很长而且流程之间的关联关系复杂，需要处理大量的信息。所以，这些行业信息系统比较多，而且系统比较复杂。

仓储、物流、批发和零售业，这类企业每天要处理仓库和物流的大量数据，数据处理量大，及时性要求高，所以，要求有功能强大的信息系统做支撑。

电信、银行、证券、保险和服务业，由于企业实物物流量较少，主要是处理业务过程中发生的信息流，对数据进行录入、加工、处理、传输、统计和分析等，对信息的时效性要求高，因此，这些行业中的企业信息系统多，信息化程度高。

企业上信息化是管理的需要，也是竞争的需要。为了在市场竞争中效率更高、服务更及时、服务质量更好，企业需要信息系统的支持。

通过信息化通常可以为企业解决一些管理难题，满足管理需要，如图 1-4 所示。

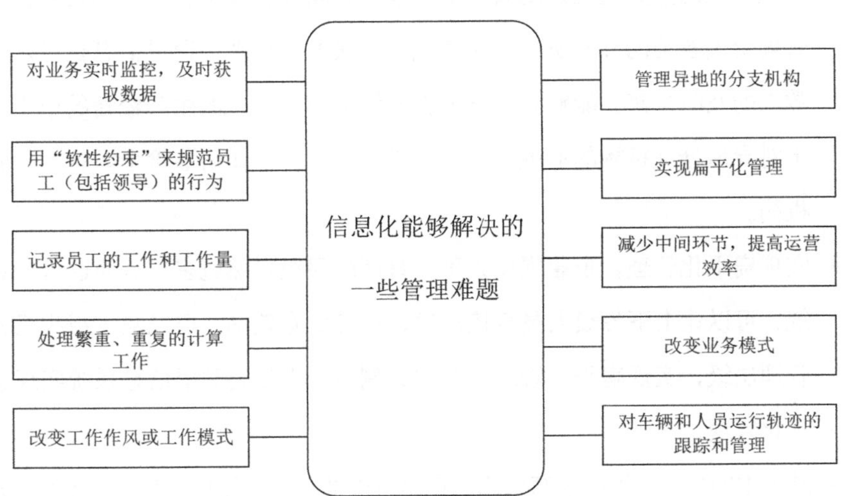

图 1-4　信息化能够解决的一些管理难题

- 对业务实时监控，及时获取数据。这样可以为决策及时提供信息。
- 用“软性”约束来规范员工（包括领导）的行为。人们开发的软件系统将流程固化在软件系统中，这样就能够保证让员工按照规定的流程进行操作，防止出现投机取巧或舞弊的情况。参看案例 9：现在下单不再那么随意了。
- 记录员工的工作和工作量。利用系统记录员工的工作情况和工作量，便于对员工实施量化考核。参看案例 1：我想做一个“工作写实系统”。
- 处理繁重、重复的计算工作。例如，汽车及大型制造行业的物料清单（Bill of Material，BOM）很复杂，一款汽车的物料是由成千上万种物料（零部件）组成的，从接收客户订单到安排生产计划，再到采购物料，需要做大量的计算。当由人工处理时，不仅速度慢，而且差错率高。因此，汽车及大型制造行业现在都用 ERP 系统来处理。
- 改变工作作风或工作模式。信息系统可以迫使人员按时去完成自己的工作，变被动工作为主动工作。参看案例 7：政府的工作作风改变了。
- 管理异地的分支机构。随着企业的发展，增建、投资、并购的发生，如何管理全国各地的分支机构成了集团高管关心的问题。通过信息化可以实现数据的及时采集，能够看到分散在各地的下属单位的生产经营的信息，便于对异地分支机构的监控和管理。参看案例 2：如何监管全国各地的分支机构。
- 实现扁平化管理。企业规模大了，管理的层级自然就多了，而通过信息系统，可以让上下各级人员直接沟通，这样更有效率，可以减少组织机构的管理层级，实现扁平化管理。参看案例 3：C 公司利用信息系统实现了扁平化管理。
- 减少中间环节，提高运营效率。企业与外部有很多接口，有很多流程。人们可以利用互联网，减少中间环节，提高效率。例如，通过建立电子商务平台，减少采购中间环节，直接与供应商接洽进行采购；减少或消除分销环节，对客户进行直销等。这样不仅降低了成本，提高了效率，同时也提高了产品的竞争力。参看案例 4：D 集团通过信息化加强了采购的集中管控。

- 改变业务模式。通过信息技术和信息系统，可以改变业务模式和流程，与客户直接对接，减少中间环节，及时获取和处理业务信息，缩短订单交付时间。参看 2.4 节的 1．经典回顾与分析。
- 对车辆运行轨迹的跟踪和管理。利用 GPS 来管理车辆，对车辆进行合理的调度，提高车辆的利用率，同时对其行驶轨迹进行跟踪和管理。

案例 6：
控制物料有了“神器”

在 AA 公司吴总的办公室里，来访的客人和吴总就信息化方面的内容进行交流，吴总指了指电脑：“这个东西很好用，不用他们再跑到我这里来签字了。”吴总笑眯眯的接着说：“谁要领料，发个申请，我这电脑就‘滴滴’叫，这一响，我就知道有事需要处理，而且，有什么问题还可以与当事人进行沟通和交流（系统集成了即时通信功能）。以前人们整天往我这里跑，屋子里老有人，现在人少了，但是审批、处理事务方便和快捷多了。”停顿了一下，有点兴奋地说：“这简直就是‘神器’”。

案例 6 中 AA 公司的物料领用原来存在一些问题。第一，审批环节多，领料要跑多个办公室审批，而且常常因为领导不在而无法领料，影响工作效率。第二，无法对物料领用进行有效的控制。第三，不知道库房里有多少库存，往往采购的物料种类比较多，有的物料到了缺货时才发现，影响了正常的生产活动。

在实施 ERP 之后，公司重新审视了领料流程，对领料流程进行了优化，减少了审批环节，将九个审批环节减少到三个审批环节。而且，通过系统提示，根据生产计划显示出领料的规格型号和数量，很好地控制了生产领料。对于生产以外的领料，提前做出需求计划，根据需求计划来控制物料的发放。ERP 系统能够显示物料的规格型号和数量。此外，还可以通过自定义报表功能，做出物料消耗的统计，为物料的采购和管理提供参考。

企业在上 ERP 之前一般都对流程进行了系统地梳理和优化，尤其是审批环节过多的情况会得到一定的改善。通过系统可以对物料的采购、领用等进行及时审批和实时监控。当然，这可能需要集成多种系统，如可能要集成多个应用系统、即时通信工具等。

案例 7：政府的工作作风改变了

城市管理涉及很多方面的工作，同时涉及政府的多个部门的协同。由于政府的部门很多，沟通和协调难度大。通过数字化城市管理系统上线运行，能够将信息及时传达给相关的部门，而且，通过系统能够监控业务处理情况，并根据系统提供的信息对各部门进行考核。

F 市城市管理流程的参与者主要有监督中心、指挥中心以及专业部门，如图 1-5 所示。

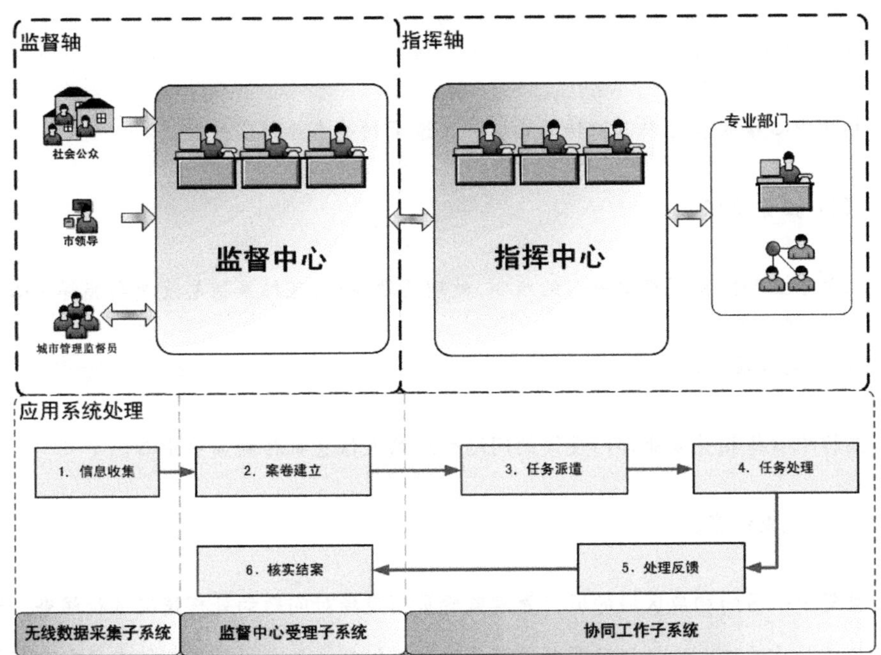

图 1-5　数字化城市管理系统

业务流程如下。

（1）信息收集。

数字化城市管理系统的问题来源主要包括以下两种方式。

第一，城市管理监督员在规定的若干单元网格内巡视，发现市政管理问题后通过无线数据采集器上报位置、图片、表单、录音等信息。

第二，城市管理监督中心接收社会公众举报的城市管理问题，通知监督员核实，核实结果由监督员直接回复。

（2）案卷建立。

监督中心接收城市管理监督员上报的问题，立案、审核后，批转到指挥中心。

（3）任务派遣。

指挥中心接收监督中心批转的案卷，派遣至相关专业部门处理。

（4）任务处理。

相关专业部门按照指挥中心的指令,处理问题;将处理结果信息反馈到指挥中心。

（5）处理反馈。

指挥中心将相关专业部门反馈的问题处理结果信息批转到监督中心。

（6）核查结案。

监督中心通知相应区域的城市管理监督员到现场对问题的处理情况进行核查，城市管理监督员通过无线数据采集器上报处理核查信息；如上报的处理核查信息与指挥中心批转的问题处理信息一致，监督中心进行结案处理。

从案例 7 中可以看到通过数字化城市管理系统，F 市全面整合政府职能，按照监控、评价与管理分开的原则，组建协同工作网络和城市管理信息中心，彻底解决城市管理工作中专业管理部门多头管理、职能交叉、职责不到位的现象。根据新系统运行与发展的变化，调整专业管理部门设置和职能，保证新系统的顺利运行和不断完善。

通过系统的实施，优化和固化了流程，利用“软性约束”，“强迫”相关部门变被动服务为主动服务。明确每个城市管理部门的责任，通过分区即时监控，随时掌握城市的现状，及时处理城市管理中发生的问题，从而实现城市管理由被动向主动的转变，彻底解决城市管理中的被动、盲目管理问题。将责任落实到部门和人员。

通过数字化城市管理系统的实施和应用，不仅提高了政府的办事效率，加强了城市管理工作，改变了政府的工作作风，而且还改善了城市投资环境，树立了城市形象，获得了人民群众的广泛赞誉。

老百姓说得好："以前有问题我们去找政府，还不知道去找哪个部门、去找谁、上哪儿找，现在有了问题，反映上去自然就会有政府部门的人来解决。政府的工作作风改变了！"

2. 信息系统的"铁面无私"

案例 8：
在规定的时间内必须处理完成

BB 集团下属有多家二级单位，分布在本省及周边几个省内。集团内部的文件需要下发通知到各个二级单位，二级单位上报的各种报表，涉及二级单位领导和集团领导的审批，审批过程漫长。信息传递慢，有的文件经过多个领导审批完已经是几周之后了。这样严重影响了办事的效率。而且，由于各级领导很难及时掌握企业的各种生产经营信息和数据，给领导的经营决策也带来困难。

集团上了一些信息系统后，情况有了改观。在系统中固化了流程，对于每一个节点，明确规定了每个人处理文件的时间，系统自动记录文件到达各个岗位的时间以及处理完成的时间，对于超过规定时间没有办理完的，系统会记录下来。这样通过系统的"软性约束"，使每一个员工及时完成自己的工作，并及时传递到下一个节点。减少了推诿扯皮、事后无据可查现象。做到了总经理的要求："在规定的时间内必须处理完成！"

案例 8 中的 BB 集团通过信息系统"强制"要求员工必须在限定的时间内完

成某些工作。此外，信息化还能够给企业带来收益。

但是，信息化也需要一笔投入。所以，需要分析一下产出和投入比。以上面的案例为例，进行分析如下。

通过以往的统计分析，可以了解到该集团报销流程大约需要 1 小时，即报销单填写约 10 分钟，送交单据约 25 分钟，排队等候约 25 分钟。集团平均每月报销 1000 人次，这样就需要大约 6 个人来办理这项业务，假设办理这项业务的人员工资为每人每年 3 万元，按照人员成本是工资的 3 倍计算（考虑到给人员提供的办公场所、管理这些人员的管理费用，以及为这些人员提供的各种福利等），仅仅报销这一项业务，通过信息化每年就可以为集团节约大约 6×3×3=54（万元）。信息系统投资为 60 万元，因此，基本上当年即可收回投资。

案例 9：
现在下单不再那么随意了

G 公司是一家制造企业，属于某跨国集团公司下属的一家全资子公司，生产的产品是工业品，属于定制化生产，即按照客户的特殊要求来组织生产，24 小时不间断、连续生产。产品供给国内的一些企业，主要的客户有十几家，除了一些知名的外企和大型国企，还有一家知名的民营企业。

按照公司的规定，为客户定制生产产品之前，客户必须按照货款的一定比例预交定金。为了多拿订单，业务人员、销售部经理、负责销售的副总经理逐渐把这个规定抛之脑后了。一些客户没有预交定金也下单生产，逐渐地客户的应收款增多。客户拖欠款项少则几百万元，多则几千万元，最多的达到 7000 多万元。因为一家主要客户经营不善，濒临倒闭，货款追不回来造成了巨大的损失，严重影响了企业的现金流，影响了企业正常的原料采购等生产经营活动。而且，公司逐渐出现了急单、插单的情况，后来这种急单和插单越来越多，不同的业务人员也出现了竞争，常常要求把自己客户订单排在前面生产。业务人员经常跑到生产部门要求先安排自己客户的订单，出现了谁的客户重要，谁的权大，谁的单子就优先安排处理的情况。这种现象越来越严重，造成生产计划多变，甚至有的时候一天变五六次。使得生产线也频繁转换，生产有时处于一种无序状态，严重地影响了生产效率和生产部门员工的情绪。

公司上了 ERP 后，情况发生了变化。集团通过互联网和 ERP 实现了对业务的远程控制，降低了运营风险。首先，客户必须按照货款的一定比例预交定金，财务人员将收到的定金录入系统，之后由集团总部一个高级主管在系统中确认通过后，业务人员才能在系统里下单。如果客户没有预交定金，那么在系统里无法下单，也就无法安排生产。这样就降低了客户信用风险。自从公司上了 ERP 以后，业务人员也开始给客户做工作，说明预交定金是公司和集团的要求，希望客户能够理解并多配合自己的工作。通过解释得到了客户的理解和配合。其次，生产更平稳了。有了 ERP 系统，生产部门可以合理安排产品生产计划，减少了急单、插单现象。使得生产计划真正能够按照计划走下去，生产更稳定了，连续性更好了，生产部门人员的抱怨减少了。再次，避免了发货混乱的现象。ERP 系统里如果没有下单就不能打印发货单，就不能发货。避免了发货单与销售订单不一致，或核对工作量大、核对困难、核对不上的情况。

“自从公司上了 ERP 后，生产运行得平稳多了，现在下单不再那么随意了，我晚上也能睡个好觉了！”负责生产计划的吴主任开心地笑着说。过去睡梦中常常被叫醒，去修改生产计划，准备生产物料，这种情况曾经让吴主任身心疲惫。

有了 ERP 系统，让流程在信息系统中固化下来，该做的工作如果没有做完，流程就无法往下进行。案例 9 中通过系统的这种“软性约束”，让集团总部实现了对跨地域下属公司业务流程的远程监督和控制，降低了客户信用风险，减少了业务人员的随意性，规范了业务人员的行为。同时，也改善了销售和生产部门之间的关系，也使得整个生产运行更平稳、更有效率。

有了信息系统，人们可以及时获取企业各类业务数据：营销、产品研发、采购、生产、设备运行、仓储和物流、质量、售后服务、人力资源、财务等。并按照单位、部门或人员进行统计，以便于分析和考核。但是，通过信息化实现对业务流程的监控需要弄清楚以下这些问题，以便规划和设计适用的信息系统，更好地服务于管理。信息化需要考虑的事项如图 1-6 所示。

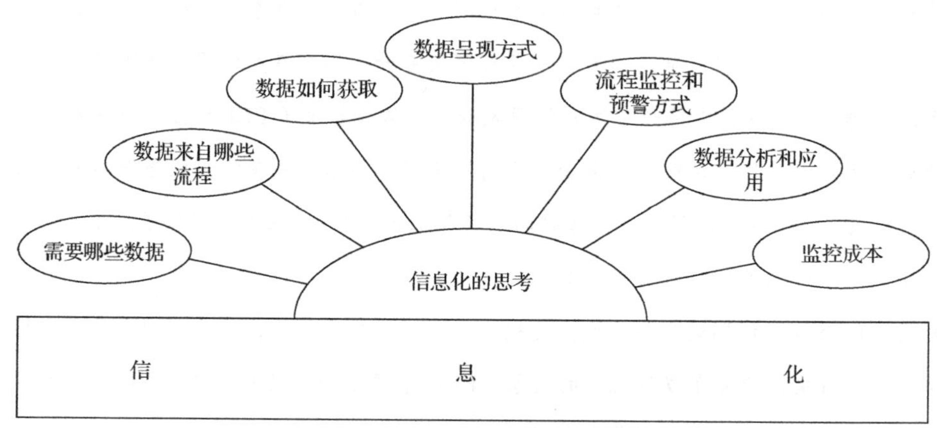

图 1-6　信息化需要考虑的事项

- 需要哪些数据。考虑企业经营管理者需要和关心的数据有哪些，中层和基层管理者需要和关心的数据有哪些，操作人员需要和关心的数据有哪些，每个部门都需要哪些数据等。
- 数据来自哪些流程。所需要的数据分别来自哪些流程，可以通过梳理流程形成数据来源清单。

- 数据如何获取。数据来自哪些流程？如何获取所需要的数据？哪个部门、哪个岗位收集数据？有的数据可能来自已有的信息系统，有的数据可能从已有的信息系统中无法获得，需要系统升级或开发新的信息系统来获得。否则，需要进行人工数据采集。
- 数据呈现方式。数据呈现有两种方式：信息系统中或纸质报表中。信息系统中的数据可以设计成一定格式的表单或报表来呈现。这需要系统有灵活的报表功能，而且能够将这些数据导出系统。系统应当具有打印功能。
- 流程监控和预警方式。有些 IT 厂商开发的管理软件在这方面有欠缺。而这正是企业经营管理人员最关心的问题。使用系统的好处就是能够获取实时信息，做到对业务流程的事中监控。信息系统可以提供预警功能，通过观察数据，了解业务流程的实时状态和发展趋势，设置预警级别，这样能够及时预警，及时发现问题并解决。
- 数据分析和应用。如果信息系统经过多年的运行，形成了大量的数据，那对企业是非常有用的。通过这些数据可以分析流程存在的问题，发展趋势，制定改进措施。这些数据还可以用于对部门和员工的考核。
- 监控成本。无论通过系统还是人工对流程进行监控，都需要投入资源，都会有成本费用的发生。通过信息系统能够及时获取数据，但是，它需要前期的大量投入。人工获取数据虽然慢，但是，它很灵活，适应业务流程多变的情况。

总之，企业实施信息化需要全盘综合地考虑，需要权衡投入和产出，需要考虑业务的稳定性，还需要考虑系统的灵活性和将来的扩展性，考虑数据获取方式，再决定是否上信息系统，上哪些系统。

1.4 没有万能的灵丹妙药

信息化能够提高企业经营管理信息的准确性和及时性，有助于企业决策的进一步科学化；能够促使企业业务办事程序和管理程序更加合理，从而有助于增强企业的快速反应能力；能够促进企业资源的合理组合及利用，使其在现有资源条件下达到最佳利用效果，从而大大提高企业的生产经营效率和管理效率；能够给企业提供一个强大、快捷的信息交流平台，有助于跟踪一些先进经验和成果，从而有助于企业的发展，提高员工的创新能力。

但是，信息化不是万能的灵丹妙药，并不能解决所有问题。信息化只是给管理者提供了一种先进的管理工具和管理手段。

案例 10：他们为什么不执行

CC 公司是一家大型企业，从当初的几十个人的小企业，发展成为几万人的大型企业。随着公司的发展壮大，加上企业的业务和产品增多，流程也越来越多，越来越复杂，管理难度也越来越大。员工做得怎么样，是否按照流程的要求来做，这是各级管理人员关心的问题。公司聘请了某外企的管理咨询专家为他们公司做管理诊断。

在和公司中层管理人员进行交流的会议上，企业管理部王部长说：“我们现在的流程太多，执行得不太好。我们想通过信息系统，把流程固化下来，这样员工就必须按照我们制定的流程执行，便于监督和控制。”

外国专家 K 先生问：“你们想把哪些流程进行 IT 固化？有这方面的规划吗？”

王部长："我们想把所有的流程用 IT 固化，要不然员工不执行怎么办？"

外国专家 K 先生感到疑惑和不解："他们为什么不执行？"

众人你望着我，我望着你，不知如何回答……

虽然制定了流程但不按照流程执行的情况在国内的企业中普遍存在。有些企业希望通过信息化来解决如何管理人的问题，案例 10 就是一个典型的例子，CC 公司希望通过软件的"软性约束"来强制业务或操作人员的行为，使他们按照规定的流程办事。但是这些企业往往上了很多信息系统，到头来却发现问题依然存在，因为还是没有解决"人"的问题。所以，这些企业首先要解决"人"的问题，而不是简单地将流程 IT 固化。

流程不执行或者执行得不好，首先要找到根源，然后从根源上加以解决。切记，信息化作为一种工具和一种管理手段，能够及时获取必要的信息，能够提高业务处理的效率。但是，信息系统解决不了"人"的问题。

案例 11：H 公司两个"独特"的并行流程

H 公司是某大型国企下属的一家子公司。公司每日的生产日报内容很多，打印出来需要三张 A3 纸，文字很小，数据量很大。

每日生产日报编制好后需要上报集团，公司通过两种方式上报集团，一种方式是通过人工汇总、打印、审核，然后（在系统中）上报集团；另一种方式是通过集团生产管理系统，直接在系统中录入、审核、上报生产日报编制上报流程，如图 1-7 所示。

由于出现两个并行的流程，重复做同样的工作，加大了工作量。人工流程需要总调度做汇总，然后再打印出来报领导审核。这样操作不仅容易出现差错，而且效率较低。通过集团生产管理系统，基层单位将生产数据直接录入集团的生产管理系统，由系统按照设计好的格式进行自动汇总，审核也在系统中进行，最后经过确认后直接上报集团。

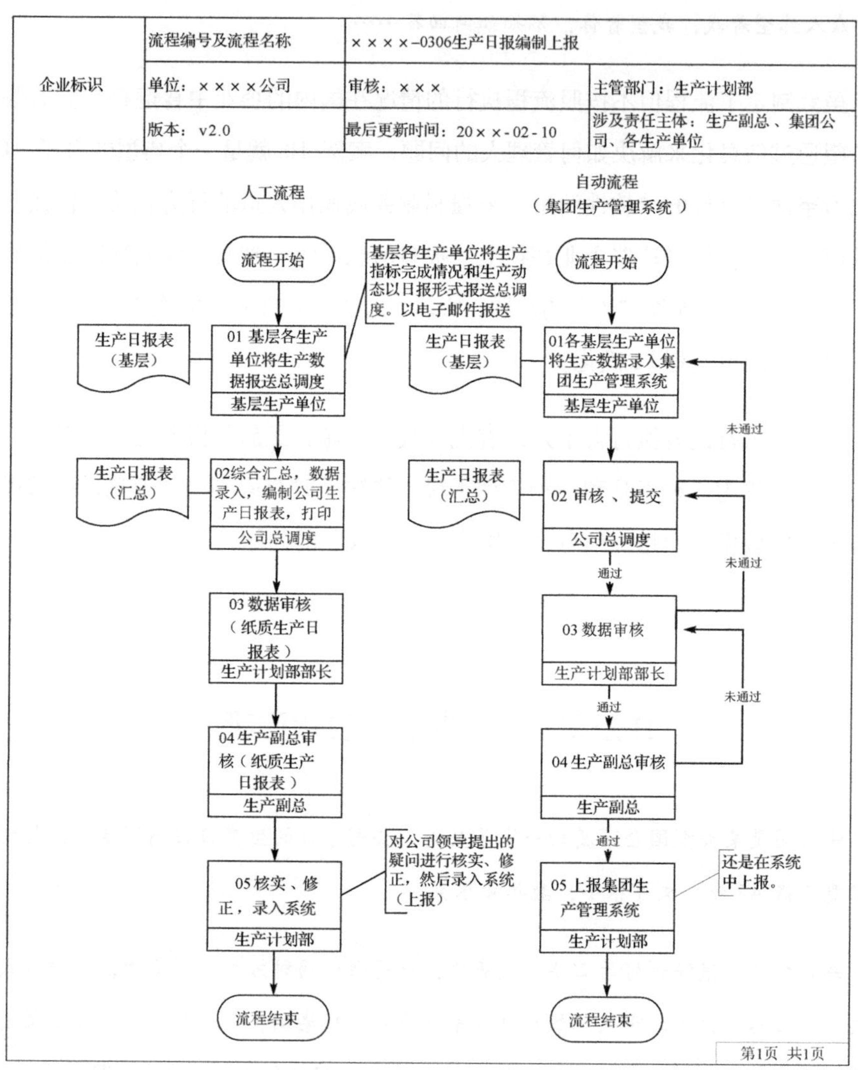

图 1-7 生产日报编制上报流程

案例 11 中 H 公司情况的确独特，之所以出现“独特”的两个并行的生产日报编制上报流程，主要原因有两个。第一，信息系统功能不能够满足公司的需要，该公司业务种类多且复杂，业务经常会发生一些变化，相应的报表也就跟着调整，而系统中的报表不能随时调整，需要升级软件，导致领导对系统不太信任。第二，由于一些领导不太愿意使用计算机，使得必须走人工流程，同时并行一个信息系统，即集团生产管理系统。

这个案例有一定的代表性，它告诉人们由于多种原因信息系统不一定能够满足企业的实际需求。此外，信息系统的应用和普及有一个过程，它需要人们有一个适应和接受的过程，这是现实情况。但是，应当看到信息化的普及是趋势，未来企业信息化应用会越来越广泛，越来越深入。

本案例虽然独特，但在企业信息化刚开始普及的时候，这是一种常见的现象。信息系统的应用，不仅会改变业务流程，而且还会改变人们的工作习惯。此外，人们还需要学习新的知识和技能。由于信息系统不成熟，人员对信息系统操作不熟练，这时需要人工和信息系统并行一段时间，需要有一个过渡过程。当然，如果这种现象短期存在是正常的，如果长期存在就不正常了。一个企业信息系统能否正常运行以及信息系统使用的好与坏，除了信息系统本身的因素，还与管理人员愿不愿意使用信息系统有很大的关系。因此，要使信息系统取得好的效果，领导要重视，而且应当带头使用信息系统。

案例 12：
我最关心的是如何做到对员工的量化考核

K 软件公司是从事管理软件开发和实施的一家大型软件公司，有较高的知名度。公司近年来快速发展，呈现出一片勃勃生机，而且在上海证券交易所成功上市。随着公司 IT 项目数量的不断增加，公司也在不断扩招，员工数量不断增加。面对这么多员工，如何进行考核成了高管尤其是总经理始终思考和关注的问题。

在一次公司中高层会议上，总经理梁总说：“我最关心的是如何做到对员工的量化考核，我们的员工现在越来越多，他们的工作成果如何衡量？如何在绩效考核和薪酬分配上做到公平、公正？这是我这些年来一直在考虑的问题，一直没有找到合适的答案。我想问一问在座的各位在这方面有没有好的办法和建议？”于是，大家你一言我一语开始了热烈的讨论。

“有的人天天加班，就是不出活，没有效率。”

“我们不能天天在后面盯着他们。”

“我们不鼓励加班，只要在工作时间内能够完成任务，没有必要加班。”

“IT 公司作为知识型企业，不同于一般的工厂。工厂中很多工作可以量化考核，采取计时或计件等方式对员工进行考核。而 IT 行业是以脑力劳动为主，靠的是专业技术和经验，员工的工作和对公司效益的贡献很难量化。”

有一位部门经理说：“我们是做软件的，能不能做一个管理软件，记录和分析员工的工作，做到量化考核。”

公司的多次会议上一直在热烈地讨论着这个问题。

案例 12 中 K 公司的问题是很多知识型企业，如 IT 公司、设计院、研究所等所关注的事情。这些企业的员工对公司的贡献如何量化？一直以来始终是管理者思考和探讨的重要课题之一。于是，有些人想到了信息系统，想通过信息系统来记录员工的工作，做到奖勤罚懒，激励员工。

但是，信息化只是一种管理工具和手段，能够为人们提供一些必要的数据信息。软件就是软件，它不是万能的，它能够记录员工的工作时间，但是不能量化员工的产出，不能分析和判断出员工的贡献大小。如何量化考核还是要靠考核的人来评估和判断。这不是信息系统能够解决的问题。

可以从工作的技术要求、难度大小、时间、效率等方面综合来衡量，并结合外部市场的薪酬水平来确定员工的薪酬。但这不是信息系统能够做到的。

人和信息系统是有分工的，基于流程的人和信息系统交互与分工模型如图 1-8 所示。从图 1-8 中可以了解流程中人与信息系统是如何进行交互与分工的。

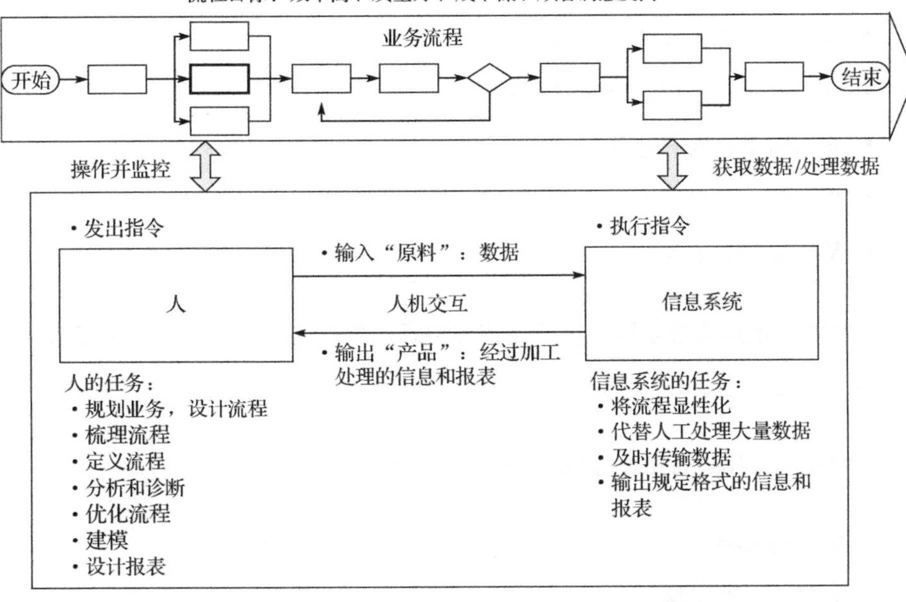

图 1-8　基于流程的人和信息系统交互与分工模型

通常，以下工作不能由计算机或信息系统完成，或者说不适合由计算机或信息系统完成，这些工作更适合或只能由人来完成。

- 规划和计划，如战略规划、供应链规划、物流规划、人力资源规划、销售计划、生产计划、采购计划等。
- 设计工作，如价值链设计、产品设计、生产线布置、流程梳理、流程显性和流程定义、流程设计、表单设计等。
- 分析和方案制定工作，如流程分析、流程诊断、流程优化、流程建模、营销方案、广告方案等。
- 编制报告，如编制财务报告、内控和风险管理报告等。
- 决策和判断。
- 审核、审批、会签。
- 监督、检查和考核。
- 部门和岗位之间的协调与分工。
- 非结构化数据的处理。
- 基础数据的整理。
- 基础数据的录入。

所以说，采用信息系统更多的是传递信息，处理信息，不能取代人的工作，智力型工作通常还是由人来完成的。

通常以下工作适合由计算机或信息系统来处理和完成。

- 信息的采集。
- 数据加工和处理。
- 数据统计和分析。
- 数据或信息的传输。
- 输出规定格式的信息。
- 输出规定格式的报表。

- 信息及时共享，广泛传播。

因此，在上系统之前首先需要做信息化规划，确定哪些流程实现自动化，哪些流程仍然采用人工处理。在设计系统时将业务流程与信息系统进行融合，融合后实现人工流程与自动化流程的协调、顺畅衔接和过渡，提高整个端到端流程的效率。

第 2 章阅读导引

企业需要什么样的信息化？

本章通过案例分析企业变革管理方法，讲述了企业在引进先进管理体系和管理工具时应当注意的问题和采取的措施（见 2.1 节）。然后，介绍了流程管理的方法论即如何对流程的整个生命周期进行管理——流程管理的 PDCAI 循环（见 2.2 节）。通过案例讲解了为什么有的信息化项目不但没有提升效率反倒降低了效率。应当如何将流程与信息化进行有机融合，避免出现不协调的现象，并提供了协同和整合的思路和方法（见 2.3 节）。管理流程要从识别企业价值链开始，分析价值链，规划和设计端到端流程，让流程贯通全价值链，提升企业整体运营效率（见 2.4 节）。最后介绍了流程与信息化一体化整合项目实施的八大阶段，分析了项目实施的难点和重点（见 2.5 节）。

第 2 章

为流程铺设“高速公路”

2.1 从“先僵化、后优化、再固化”说起

华为在发展和成长的过程中，先后聘请过很多国外的咨询公司来优化管理。在引进和推行一系列的管理体系和标杆流程，制定管理规则时，采取的是“先僵化、后优化、再固化”的方式。华为管理进步的三步骤如图 2-1 所示。这种方法非常实用。因为如果一上来就进行“优化”，一定会出现意见不一的情况，因为每个人都有自己的经验，单凭过去的经验来套新的规则，会形而上学。任正非深知这一点。所以，他在一次讲话中说：“华为员工很聪明，容易形成很多思想和见解，认识不统一，就容易分散精力。”另外，一个新的管理方法的引进，一定会触及一部分人的利益，戳痛个别人。这些人在“优化”的时候，自然会千方百计地找出理由，进行抵触，越民主，越容易形成重重阻力，最后导致新管理方法的流产。

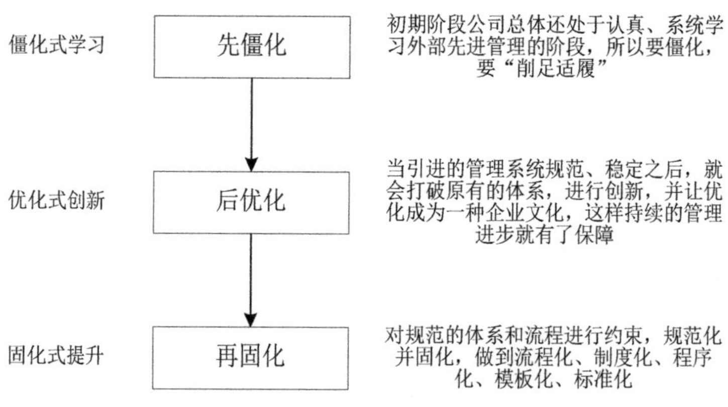

图 2-1 华为管理进步的三步骤

僵化，就是学习初期阶段的“削足适履”。任正非从发展的角度和东方人的特性来看待僵化：“我们在向西方学习的过程中，要防止东方人养成好幻想的习惯，否则不可能学习到管理的真谛，我们切忌产生中国版本、华为版本的幻想。引进

管理方法要先僵化，后优化，还要注意固化。总体来讲，公司还处于认真、系统学习外部先进管理技术的阶段。在当前两三年之内以理解消化为主，两三年后，再有适当的改进。”先僵化，说起来容易做起来难，“削足适履”肯定是个痛苦的过程。但削比不削好，早削比晚削好。

僵化之后是优化。僵化是有阶段性的。僵化是指一种学习方式，僵化不是妄自菲薄，更不是僵死。任正非以与 Hay Group 咨询公司（现已被光辉国际收购）的合作为例讲道：“当我们的人力资源管理系统规范了，公司成熟稳定之后，我们就会打破 Hay 咨询公司的体系，进行创新。”这就是从僵化阶段进入优化阶段。优化对象分为两部分，一部分是国外引进的，另一部分是自己创造的。学习外国的，除了要注意不能耍小聪明，还没学会就要改进，还要注意不在优化时全盘推翻，坚持的优化原则是改良主义。改进自己时，则要防止故步自封和缺少自我批判精神。只有认真地自我批判，才能在实践中不断吸收先进的知识，优化自己。华为认为自我批判是个使人进步的好方法，并把能不能掌握自我批判这个武器，作为考核和使用干部的指标之一。“不能掌握这个武器的员工，希望各级部门不要对他们再提拔了。两年后，还不能掌握和使用这个武器的干部要降级使用。在职在位的干部要奋斗不息、进取不止”。只要有了这样良好的思维和行为模式，优化就会成为一种企业文化，持续的管理进步就有了保障。需要注意的是，优化的目的是使管理变得更有效和更实用，而不是将西方式管理改造成中国式管理或华为式管理。任正非明确表示“我坚决反对搞中国版的管理、华为特色的管理，我们不是追求名，而是追求实际效果”。

最后是固化。变化是经常的，但变化又是有阶段性的。人们能够把握的变化应该是一段时间内相对稳定的变化，就像人们只能踩在相对坚实的地面上才能够前进一样。因此，优化之后应是固化。任正非指出，创新应该是阶段性的和受约束的，如果没有规范的体系进行约束，创新就会是杂乱无章、无序的创新。要像夯土一样，一层层夯上去，一步步固化创新和改进成果。从表面上看来，公司的运作特点是重变、重创新，但实质上应该是重固化和重规范。固化就是例行化，即流程化、制度化、程序化，规范就是模板化、标准化。固化阶段是管理进步的重要一环。管理就是不断把例外事项变为例行事项的过程。华为强调建立以流程型和时效型为主导的体系，就是要将已经有规定，或者已经成为惯例的东西，尽快在流程上固化下来，并使还没有规定和没有成为惯例的东西有效地成为规定和惯例。中国人太聪明了，所以一些人总在不停顿地创新，因此需要规范。不重视规则和规范的特点，影响了中国人对科学知识、技术和理论的积累。人们不断创新知识和技术，但没能有效地规范知识和技术，因而我们只有知识和技术，少有知识产权和技术标准。因此，重视管理的规范化将是公司长期努力的目标和任务。规范化的具体手段之一是模板化、标准化。

僵化式学习，优化式创新，固化式提升，这就是华为的管理进步三步骤。

以上介绍了华为在引进管理体系和标杆流程时的做法，值得学习和借鉴。其实在做流程管理时也常常采用类似这种方法。那么，企业应当如何管理业务流程呢？下一节介绍流程管理的 PDCAI 循环。

2.2 流程管理的 PDCAI 循环

案例 13：

我们更关心流程是否合理

DD 广播电视台是国内一家知名的电视台，其卫视频道节目家喻户晓。卫视节目制作中心目前的业务特点如下。

（1）外包项目多，金额大，频率高。

（2）外包项目种类多，领域广。

（3）竞标公司来源单一，不利于资源共享和整体性价比比较。

目前，招标采购、预算管理和费用控制等业务存在的主要问题和管理难点如下。

（1）招标采购过程不透明。

（2）招标采购缺少相应的依据和参考资料。

（3）很多时候凭经验或印象办事。

（4）成本费用控制难。

（5）没有统一完整的数据库，以往信息和数据分散且不能共享。

（6）监管不能覆盖全业务，存在管理盲区和管理不到位的地方。

（7）数据不能整合，无法做深入的数据挖掘。

在与外部专家沟通和交流后，该电视台的某总监认为通过软件系统基本上能够解决上述问题，但他又强调：“我们不能把现有的流程照搬到系统中。”停顿了一下，然后提高了嗓门：“我们更关心流程是否合理，如果不合理该怎么优化？这是应该首先解决的重要问题，在此基础之上再开发软件。”

案例 13 中 DD 广播电视台某总监所说的是非常正确的。信息化之前需要对业务和流程进行梳理，分析和诊断流程是否有问题，必要时还需要优化。在流程优化后，再进行 IT 固化，以免流程在错误的道路上运行。业务流程再造之父迈克尔·哈默博士在《企业再造》中说过：“尽管信息技术在企业再造中起了显著的作用，但迄今已经可以看得清楚：再造与自动化并不是一回事。利用信息技术使现有的流程自动化，这类似于重新铺路。对于做错事来说，自动化也完全能提高做错事的效率。”

业务及流程的优化，通常是由具有丰富实践经验的管理专家来实施的。IT 人员很少做，即使做也是零敲碎打，不成体系的。IT 人员主要考虑的是如何把流程进行 IT 固化。那么，如何将流程与信息化很好地结合起来呢？

为此，需要首先了解流程的整个生命周期。流程是有生命周期的，从流程识别、流程定义、流程设计、流程执行，到流程优化、标准化，再到流程的 IT 化，形成了一个完整的流程生命周期。

企业需要了解业务流程生命周期各个阶段流程的发展过程和变化情况，在各个阶段应当关注的重点是什么？应当采用什么方法和工具来管理流程和管理业务？

流程管理是一项伴随着企业孕育、发展成长、稳定直至死亡的整个阶段的长期工作。在企业生命周期的整个阶段，都需要对流程进行设计、实施、监控、改进、优化或再设计。因此，不管企业处于何种发展阶段，都需要对流程进行管理，只是管理的侧重点不同。当企业处于婴儿期、学步期阶段时，存在很多自然流程，需要规范，需要对流程进行梳理和定义，规范员工的行为。当企业处于壮年期、稳定期阶段时，业务逐步稳定，流程处于持续改进之中。当企业处于老年期阶段时，企业的组织机构和流程变得僵化，已经不能适应市场和客户的变化了，因此，这个阶段就需要对企业的某些流程做彻底的再造，让企业变得更有效率，否则企业将进入死亡期。

在流程优化后，就相当于重新定义了流程，流程又重新开始了循环执行。随着人们认识水平的提高，流程逐步优化和改进，它是一个往复循环的、螺旋式上升的过程。在这个过程中，业务的可控性在提高，流程管理成熟度也在提高，管理水平也在提高。

为了保证流程不被有意或无意地改变，最好的办法就是把流程 IT 固化。因此，流程 IT 固化是流程管理的一个重要环节。

企业年复一年地开展各项业务活动，流程管理也是年复一年，循环往复。但是，它不是一个简单的 PDCA［计划（Plan）、执行（Do）、检查（Check）、处理（Action）］循环，它是一个逐步完善、逐渐提升的螺旋式上升的过程。而且，加上了流程 IT 固化环节，整个循环分为以下五个环节。

- 流程规划。
- 流程执行。
- 流程稽查、审计和测评。
- 流程优化和标准化。
- 流程 IT 固化。

借用戴明博士的 PDCA 循环，本书建立了流程管理的 PDCAI 循环，如图 2-2 所示。

1．流程规划

流程管理首先要对流程进行梳理和描述，将流程呈现出来。明确流程的目标，确定流程管理要素和管理标准。设计流程绩效指标，通过指标对流程执行过程进行监控和管理。

流程规划就是对企业的流程进行全面系统地梳理，厘清企业有哪些流程，然后根据流程的特性进行分类和管理。企业制定发展战略，围绕发展战略制定年度经营目标，开展各项业务活动。从流程的视角来看，就是如何做流程规划，如何将战略目标分解、落实到运营的一个一个流程上。需要对流程进行全面系统地管理，摸清企业流程家底。通常在梳理流程后要对流程进行分类和分级，便于实施专业化分工和层级化管理，需要将流程显性化，以便达成共识并利于执行。根据管理需要，确定流程应该有哪些管理要素，如流程的输入、活动、角色、输出、绩效指标、活动的表单、模板等。确定流程的目标，如速度、质量、成本、客户满意度等。制定流程活动的管理标准。流程规划应当考虑如何做到流程的纵向和横向的贯通，减少管理层级，消除部门墙，提升企业整体运营管理效率。流程规划的结果是需要设计流程文件体系，通过流程文件体系，来传达管理意图，并对流程的执行进行记录和跟踪。

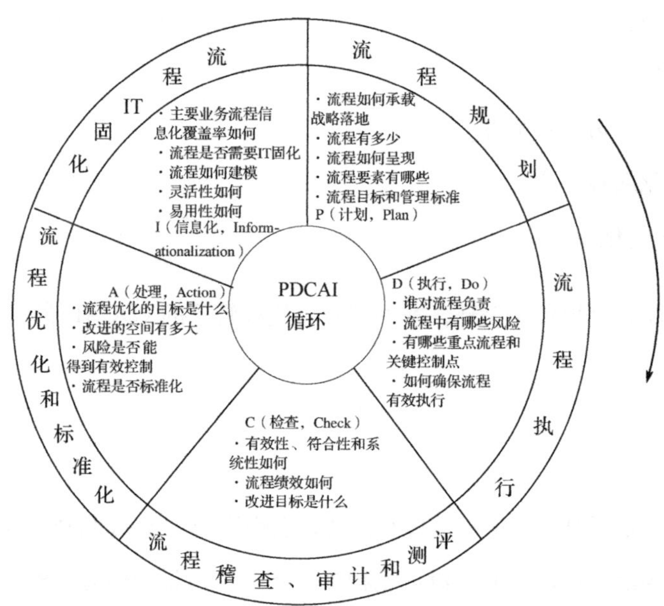

图 2-2　流程管理的 PDCAI 循环

流程规划的影响因素主要有企业的发展战略、业务组合、产品组合、经营方向和管理模式，如图 2-3 所示。

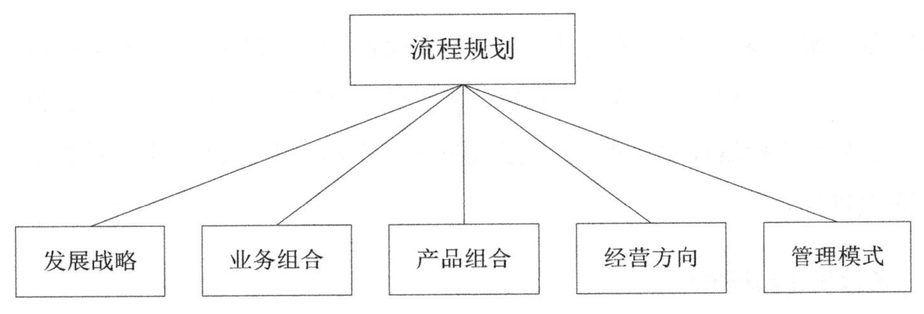

图 2-3　流程规划的影响因素

当企业的发展战略发生改变时，战略目标和客户细分市场会随之改变。业务方向和业务组合也会调整。产品也会调整以满足市场和客户的需求，产品的变化会引起物料的变化，引起物料的采购、生产流程、仓储的变化，会改变从接收客户订单到交付产品的整个流程。当企业的经营方向调整时，企业会更关注某些重点领域，对重点领域的流程更加关注，管理的要求更高，对流程的管理标准和细化要求更高。此外，当企业的管理模式发生改变后，集团公司的采购由原先的各个子公司自己采购变成集团集中采购，整个流程会做较大的调整。当这些影响因素发生变化时，通常需要对业务流程进行重新规划或调整。

2. 流程执行

流程执行首先要明确谁对流程负责，谁对流程中的每一个活动负责，将责任落实到人。企业中的流程非常多，管理人员的时间和精力有限，所以，需要关注重点流程。需要先识别哪些是重点流程，流程存在哪些风险？有哪些关键控制点？通过关键控制点监控，管理者可以对流程进行有效管理。还需要考虑建立哪些保障机制，建立哪些制度，以保证流程落地执行。

3. 流程稽查、审计和测评

流程是否被执行？流程执行情况如何？流程的有效性、符合性和系统性如何？这些都需要进行检查和评估。通常需要检查的内容有流程是否得到执行，是否有重大遗漏和管理盲点？流程审计的主要目的是防止违规或不合规行为的发生。针对流程运行的效果，可以通过测量和评估流程绩效来评判，并制定流程的改进目标。

4．流程优化和标准化

在流程执行和测评后会发现一些问题和改进机会。这时需要分析流程是否存在问题，是否需要优化？流程优化的目标是什么？如何优化才能使流程运行过程中的风险得到有效控制？流程是否应当标准化？流程标准化可以为信息化打好基础。如何借助信息化的手段来改进流程的绩效？

5．流程 IT 固化

流程 IT 固化就是把已经规范、标准化的流程以软件程序的方式固化下来，使得流程所涉及岗位员工的工作规范、高效，减少人为控制和“拍脑袋”的管理行为，同时也能提升客户满意度。流程优化和标准化后，为企业信息化打好了基础。这时需要考虑如何将流程 IT 固化，用信息化的手段保证员工按照流程执行。还要考虑哪些流程需要 IT 固化？主要业务流程信息化覆盖程度如何？流程应当如何建模？固化后的流程的易用性和灵活性如何？

企业的经营、生产和管理工作年复一年，日复一日地进行着，企业的业务流程也是循环往复，不间断地流转。当企业的发展战略、业务组合、产品组合、经营方向以及管理模式发生改变时，业务流程也需要重新规划或调整。当然，也有业务终止或业务取消的情况，这种情况下，这个业务的流程也就消失了。

2.3 信息化与业务流程的融合

案例 14：
我感觉上了 ERP 后效率不但没有提升反倒降低了

EE 集团是一家大型国企，属于能源行业。二级单位分布在多个省市。近年来收益较好，准备实施集团的信息化项目。邀请国内某软件公司为他们开发集团管理软件，主要是对设备和物资进行集团化管理。由于集团规模大，业务比较多，集团有大量的设备和备件，而且物资采购量很大。因此，集团领导希望定制开发 ERP 系统。

由于集团一把手很重视这个信息化项目，各部门都积极配合软件公司开展工作。集团某部门的郑经理说：“自打项目启动以来，我们一直没有闲着。一把手很重视这个项目。前期我们配合软件公司的人进行调研、访谈，做需求分析。现在系统已经开发出来了，准备上线运行，开始大规模培训。我现在的工作重点就是忙这个项目。”

随着信息系统上线运行，郑经理发现自己好像被这个系统“粘住”了，其他经理好像也有同感。郑经理说：“我们中层以上的干部基本有一半以上的时间就待在电脑前学习软件的操作，处理业务。”

系统上线运行了一段时间后，郑经理感叹道：“我们几乎天天要在电脑前待上半天，离不开电脑了，其他什么事情都干不成了。我感觉现在的工作效率没有提高。”然后对着 IT 公司项目负责人说：“人们都说信息系统能够提高工作效率，可是，我感觉上了 ERP 后效率不但没有提升反倒降低了。”接着又感叹道：“难道我们整天在电脑面前点点鼠标就能生产出产品了吗！”

案例 14 中 EE 集团遇到的情况不是个案。现实中的确有不少 IT 项目尤其是大型企业的定制化 IT 项目应用效果不太理想，出现了“上了 ERP 后效率不但没有提升反倒降低了”这种情况。这种情况的出现并不是说企业就不需要信息系统了，这种情况的出现往往是因为开发的系统有问题。可能是在开发信息系统之前没有做流程的优化，基本上是将业务流程原封不动地搬到信息系统里，是人工作业的计算机化，信息化和业务流程两者没有很好地融合。还有可能是 IT 人员对企业的业务不熟悉，没有吃透业务，对需求的把握不准确，开发出来的 ERP 系统易用性差，操作复杂，不够人性化。

这个案例有如下几点启示。

- 企业在进行信息化之前一定要做流程优化，避免将系统变成业务处理的计算机化。
- 要吃透业务，要将信息化与业务流程两者很好地结合起来，有机地融为一体。
- 需求分析非常重要。对业务（流程）的理解是第一位的，软件只是实现管理的一种工具和手段。开发信息系统首先需要有精通业务的专家，由专家将业务需求转换成能够让 IT 人员理解的语言。
- 除了软件的功能，软件的易用性要好，界面要简单，操作不要太复杂，要人性化。

如果没有很好地将流程与信息化进行融合，会造成开发的系统不能很好地适应业务流程，流程不能顺畅地流转，流程效率低下。为此，在开发软件之前，要搞清楚人适合做的工作有哪些，信息系统（或计算机）适合或不能代替人的工作有哪些，如何让人和信息系统的交互更有效率。

从企业管理的角度看，信息化只是一种管理工具和手段，关注更多的应当是非技术问题，如流程是否合理，流程运行情况如何，流程如何监控，流程如何评估，流程是否需要优化，由谁来负责相关的工作等。

需要将流程与信息化两者有机融合，避免出现以下情况：做流程的是一组人，做信息化的是另一组人，各做各的，最后无法融合。信息化之前需要梳理流程、优化流程，使流程标准化，之后才开始信息化，引入信息系统。

流程与信息化的关系如图 2-4 所示。企业通过流程创造价值，信息化提供支撑。通过信息化将优化后的流程进行固化、实现流程的自动化，这样避免了流程执行的不一致或不执行问题，通过信息化能够及时获取业务运行的数据信息，方便流程的监控和管理，并能够获得经过加工整理后的信息和报表，为管理人员提供决策支持。

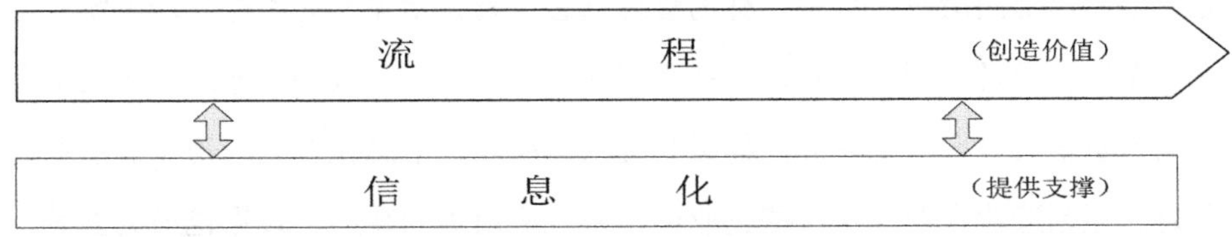

图 2-4　流程与信息化的关系

早些年有很多企业自己开发软件，实施软件。现在，企业大都是采买 IT 厂商的软件。因为相比自己开发和实施软件，采买 IT 厂商的软件具有以下优势：IT 公司有多年的行业积累，软件在多家企业实施，软件比较成熟，具有丰富的软件实施经验，软件开发成本和实施成本相对较低，实施的过程中可以少走弯路，项目实施成功的概率较高。因此，企业逐渐地以采购 IT 公司的软件为主，或者由与 IT 公司紧密合作的机构负责软件项目的实施。

很多中小企业在采购软件产品时，一般购买 IT 公司现有的比较成熟的软件产品。这类企业不需要做客户化定制开发的软件产品，实施路径和方法相对要简单一些。因为这些企业的规模不大、业务不太复杂、业务基本相同或差异化很小，所以这些企业可以直接实施和应用现有的软件产品。

但是，对于中等规模企业或者大型企业来说，由于业务复杂、流程复杂，企业会有很多个性化的需求。所以，这些企业往往需要重新开发软件产品或者在 IT 公司现有的比较成熟的行业版本基础之上做二次开发。因为每个项目都有其特殊性，加上企业规模、业务特点、管理需求及合同要求不同。所以，不同的企业需要选择适合自身的特定实施路径和方法。

信息化的应用就是实现业务的自动处理，并对业务流程实施实时监控和管理。信息化最初以部门级应用为主，称为管理信息系统，常见的有库存管理系统、生产调度系统、设备管理系统等，这些系统涉及的只是部门级的业务。由于制造业企业的数量很大，业务及业务流程极为复杂，所以，信息化首先应用于制造业，尤其是大型制造业企业。在这些企业中，系统应用更为普遍，效果也最为显著。随着网络和计算机的普及、计算机技术的发展，企业的管理信息系统越来越多，系统也在不断地升级，功能也更加完善。

企业有很多业务流程，一个系统只是解决了部分业务流程的“自动化”的问题。为了避免出现一个个“信息孤岛”，必须把这些信息系统联系起来，融合形成一个有机整体，让业务流程更顺畅，让信息系统与业务流程更协调，这样流程才能更有效率。

信息系统与业务流程协同和融合示意图如图 2-5 所示。从图 2-5 中可以看出业务流程的多样性和复杂性，以及业务流程与信息系统的关系。从图 2-5 中能够明白信息系统与业务流程协同和融合的必要性。

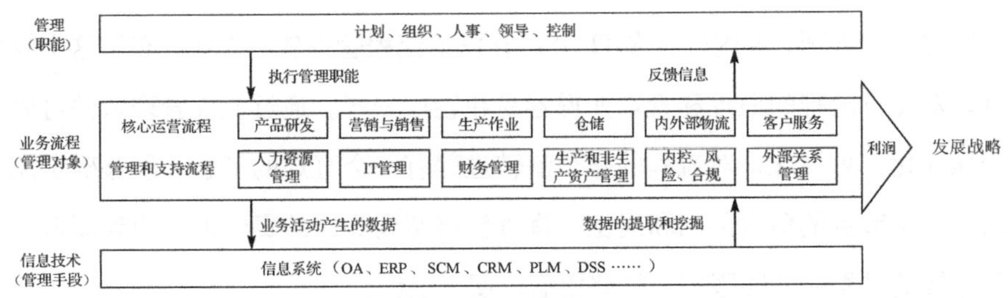

图 2-5　信息系统与业务流程协同和融合示意图

信息化引入流程管理后，极大地提高了流程的效率。开发和设计信息系统的核心就是将流程中的各项活动在人和信息系统（或计算机）中做一个合理的规划和分工。或者说在引入了信息化后，要想提高流程的效率，首先要处理好人和信息系统（或计算机）分工的问题。

为了达到业务流程的目标或目的，需要对业务流程活动的某一个或某几个关键环节（节点）进行观察和控制，从而使业务流程得到有效的管理和控制，这一个或几个环节（节点）称为关键控制点。

关键控制点往往关注一些关键或要害问题，不同的组织和部门，由于其业务的性质不同，可能有不同的关键控制点。通常通过增加审核、会审、审批等环节进行控制，对于作业层面通常编制标准的作业指导书，或者标准作业程序，并对业务流程活动中的每个节点设置作业标准来进行控制。

可以从时间（时效标准）、质量、成本、风险、客户满意度、资源使用效率方面考虑设计流程绩效指标来对流程进行控制，流程绩效指标通常设置在关键控制点上。如果有信息系统，那么可以通过信息系统提取流程运行数据，对业务流程的关键控制点实施监控。有了从这些关键控制点提取的信息，各级管理人员可以不必详细了解业务流程活动的每一细节（没有时间，也不可能），就能及时发现问题，及时采取应对措施，从而保证整个流程得到有效执行。

针对流程管理，国内外很多 IT 公司开发了流程管理软件系统，有了这个软件工具，对业务流程的监控和管理变得容易和轻松一些。通过流程管理软件可以将流程显性化、可视化，对流程的整个流转过程有一个直观的了解。能够确定流程中的每一个节点的负责部门和岗位，将责任落实到具体的责任人，明确职责。在流程流转的过程中能够跟踪，能够留痕，便于追溯。

利用信息系统可以实现对业务流程的监控和管理，但是，必须对利用信息系统监控的可能性和成本进行权衡，然后做出选择。

首先要考虑监控哪些流程，需要了解企业到底有多少业务流程，哪些流程适合用系统，哪些不适用系统或者只适用人工管理？有些业务通过人工处理非常容易，而且一旦管理模式或流程发生变化，调整起来也很方便。例如，如果企业的组织机构或层级发生了变化，系统里的报表数据的统计和拆分，调整起来难度很大。而这种情况在人工处理时，调整起来却相当容易。因此，从软件实现的难度或可能性来衡量，有的业务流程不适用信息系统来实现“自动化”。

将关键和重要流程用系统固化。固化后的流程往往缺乏灵活性。一般情况是先把流程梳理、优化、固化下来，然后用信息系统来实现对流程的管理。如果企业处于快速发展阶段，业务多变，产品多变，组织机构变化频繁，这时升级信息系统可能已经不能解决问题了。在设计信息系统时，可以有一定的灵活性，但是这种灵活性往往是有限的。那么，可能需要开发新的信息系统和多次投入。

开发信息系统需要大量的投资，有时候投资是非常巨大的。所以，从成本方面考虑，一般只是把一些比较重要和常用的流程用信息系统管理起来。不可能把所有的业务流程都监控和管理起来，应当抓重点，只要能把关键和重要的流程用信息系统管理起来，就已经相当不错了，而且这样做，其产出和投入的性价比是最高的。

案例 15：
设备全生命周期流程管理和软件需求分析

M 集团公司是一家大型国有煤炭生产企业，员工几万人，该集团曾经是全国煤炭行业的一面旗帜。集团下设 8 个煤矿，分布在某省多个地市。集团从国外引进了先进的采煤设备，提高了生产效率，同时也降低了生产事故发生的概率。集团共有各种设备几万台，仅仅其中的一个煤矿的设备就有上万台。对于这些设备如何管理始终是个难题，也是集团高层领导关心的问题。集团下属的一个煤矿曾经开发了一套设备管理系统，用来管理本矿的 1 万多台设备。可是由于当时的软件技术落后，功能有限，满足不了集团对设备管理的要求。于是，他们请来了在煤炭行业信息化领域居于领先水平的某 IT 公司，为他们定制化开发企业资产管理系统，用来管理集团及下属单位的设备资产。

专家经过调研和访谈，了解到该集团设备管理有如下特点：

- 设备不仅数量多而且种类也多。
- 设备分布面广，分布在地面和井下各个巷道和采区。
- 设备移动性强，随着采煤的推进，很多设备也要跟着移动。
- 设备管理手段相对落后，尤其对于分散在各个生产现场的生产设备运行状态动态跟踪控制不足，设备检查和维修环节分离，效率有待提高。

专家在与集团的设备管理人员和领导沟通后，确定了系统建设的主要目标：

- 建立设备的完整档案，并能够对设备全生命周期进行管理。
- 能够了解设备的分布情况，随时了解设备在什么地方。
- 能够对不同生产现场的设备状态进行动态跟踪和管理，使设备检修、设备维护、备件配置科学有序，保障设备安全运行，降低设备运行成本，从而建立全局范围内的设备维护管理系统。
- 能够对设备的备品备件进行关联管理。查询某一台设备可以了解设备的备品备件的数量和规格型号，也可以查询某一备品备件用于哪些设备。

下面以案例 15 中的 M 集团为例，介绍如何梳理端到端的整个设备管理生命周期的流程，以及如何据此分析设计的软件应当具有哪些功能。在此之前，先介绍一下软件需求流程框架分析法。

软件需求流程框架（Process Framework，PF）分析法是对软件需求进行分析的一种方法。首先，这种方法根据信息系统的特点和软件处理业务的特性，通过设计流程框架并对其中的每一个流程进行分析，分析流程的特性和管理要求，分析哪些流程适合利用信息系统处理，哪些流程适合采用人工处理。再据此分析信息系统需要实现哪些具体功能，并对这些功能进行描述。然后，对流程和将要实现的软件功能进行综合分析，厘清流程与流程之间的接口关系和要传递的数据，以及数据是通过哪些表单进行流转的。最后，按照规定的格式和要求编写软件需求说明文档，有了这个文档，开发人员就可以做软件开发了。软件需求 PF 分析法的逻辑如图 2-6 所示。

采用软件需求 PF 分析法来分析软件需求，是在对流程进行系统梳理后，对流程体系有一个全面、系统、结构化的认识，从而保证流程的完整性，做到不会有遗漏和盲区，避免了因为考虑不全而造成的软件功能不能满足需求、日后不断修改的问题。此外，通过人和信息系统的交互分析，将适合系统处理的流程放到系统中，将不适合的放在系统外由人工处理，这样保证了软件的灵活性和适应性，不至于把开发出来的系统变成一个人工作业的计算机翻版。下面以 M 集团的设备管理为例，通过梳理设备全生命周期流程，分析管理难点和管理需求，进而提出对软件实现功能的需求。

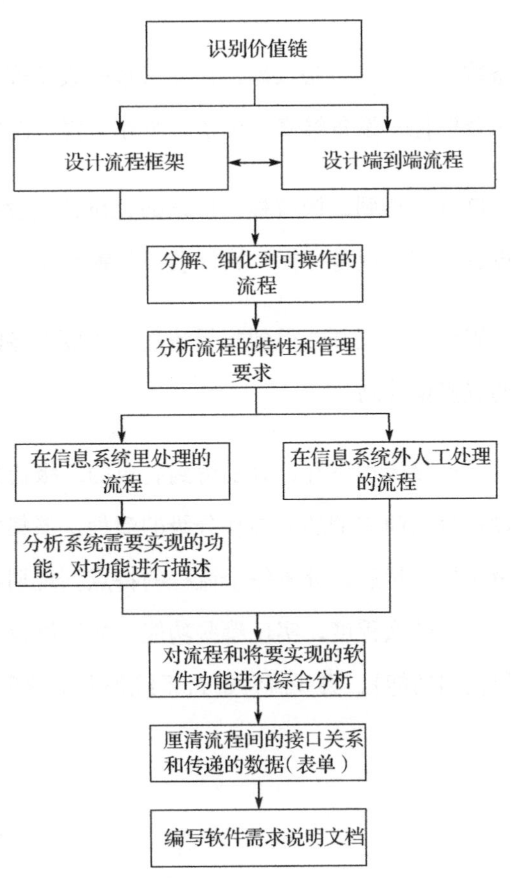

图 2-6 软件需求 PF 分析法的逻辑

为了全面、系统地管理设备业务，需要分析设备管理端到端的流程。绘制 M 集团设备全生命周期流程图，如图 2-7 所示。这是一个端到端的流程，比较粗略，以此并不能开发软件，需要对此流程分解、细化，分解到二级甚至三级流程。

将流程进一步细化分解得到分级的流程清单。再对各个流程进行分析，分析流程管理的难点和存在的主要问题，对系统功能提出要求，并提出需要哪些功能模块、提供什么功能等。综合起来形成 M 集团公司设备管理软件功能需求分析表，如表 2-1 所示。

一级流程：设备购置—小型设备入库、出库管理—设备安装、调试、验收—设备建档—设备使用及监控—设备维修—设备报废和出售—设备资产管理。

将“设备购置”展开，得到二级流程：申请购置设备（设备使用计划）—编制设备购置计划—设备选型—设备招标—签订设备购置合同—购置设备。

将“编制设备购置计划”展开，得到三级流程：年度设备购置计划—月度设备购置计划—设备购置资金计划。

首先，可以将其他一级流程展开，分别得到各自的二级流程和三级流程。这样就可以得到整个设备全生命周期的分类和分级的流程。该集团设备全生命周期流程最多分级到三级流程。然后，分析每个流程的特点，规划哪些流程用信息系统管理起来，能够管理到什么程度，实现哪些功能（如提供设备购置资金计划的录入、审批、打印和查询功能）；哪些流程适合系统外人工处理，具体参考表 2-1 中的内容。

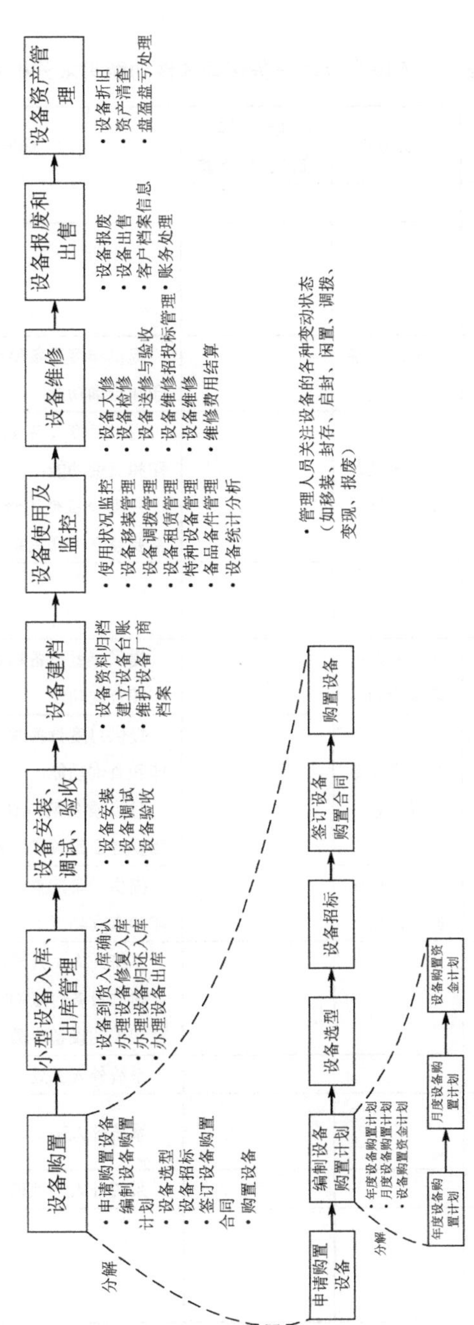

图 2-7　M 集团设备全生命周期流程图

表 2-1　M 集团公司设备管理软件功能需求分析表

一级流程	二级流程	三级流程	管理难点和存在的主要问题	功能需求分析
设备购置				
	申请购置设备（设备使用计划）			
		年度设备使用计划		提供年度设备使用计划的录入、审批、打印和查询功能
		月度设备使用计划		提供月度设备使用计划的录入、审批、打印和查询功能； 月度设备使用计划与年度设备使用计划需要建立关联关系
	编制设备购置计划			
		年度设备购置计划		提供年度设备购置计划的录入、审批、打印和查询功能
		月度设备购置计划		提供月度设备购置计划的录入、审批、打印和查询功能； 月度设备购置计划与年度设备购置计划需要建立起关联关系
		设备购置资金计划		提供设备购置资金计划的录入、审批、打印和查询功能
	设备选型			系统外人工处理，待设备购置回来后，在“建立设备台账”时输入设备的型号规格以及相关的设备参数
	设备招标			系统外人工处理
	签订设备购置合同			系统外人工处理
	购置设备			系统外人工处理
小型设备入库、出库管理				

续表

一级流程	二级流程	三级流程	管理难点和存在的主要问题	功能需求分析
	设备到货入库确认			提供设备到货入库信息的录入和查询功能
	办理设备修复入库			提供办理设备修复后入库信息的录入和查询功能
	办理设备归还入库			提供办理设备归还入库信息的录入和查询功能
	办理设备出库			提供办理设备出库信息的录入和查询功能
设备安装、调试、验收				
	设备安装			系统外人工处理； 设备安装记录需要归档
	设备调试			系统外人工处理； 设备调试记录需要归档
	设备验收			系统外人工处理； 设备验收报告需要归档
设备建档				
	设备资料归档			系统外人工处理； 设备安装、调试、验收等相关文件资料归档
	建立设备台账		目前人工处理，查询设备台账麻烦； 不能及时了解到设备的最新状态； 不能快速查询到与设备相关联的备品备件的信息	提供建立设备台账的功能，能够录入设备及备品备件的相关信息并建立关联关系，能够查询到该设备所用的备品备件的规格型号和数量，上传设备及备品备件照片，并提供打印和多种条件组合查询功能； 设备台账中能够建立起与备品备件的关联关系； 能够查询到设备维修信息及更换零部件的次数、数量和更换时间等信息

续表

一级流程	二级流程	三级流程	管理难点和存在的主要问题	功能需求分析
	维护设备厂商档案		目前人工处理，无法及时了解设备厂商与设备之间的关联关系，查找麻烦	提供设备厂商档案信息的录入和多种条件组合查询功能； 建立设备厂商档案与设备之间的关联关系
设备使用及监控				
	使用状况监控			
		开设备交接单		提供设备交接单的录入、打印和查询功能
		开工作联系单		提供工作联系单的录入、审批、打印和查询功能
		答复工作联系单		提供答复工作联系单的录入、审批、打印和查询功能； 答复工作联系单与开具的工作联系单进行关联
		反馈工作联系单处理		提供反馈工作联系单处理的录入、审批、打印和查询功能； 反馈工作联系单与原来的工作联系单需要建立关联关系
		开罚款单		提供罚款单的录入、审批、打印和查询功能
		复查罚款单位处理结果		提供复查罚款单位处理结果的录入、审批、打印和查询功能
		开设备配件赔偿单		提供设备配件赔偿单的录入、审批、打印和查询功能
		开零部件更换单		提供设备备件更换单的录入、审批、打印和查询功能
		录入设备事故情况		提供设备事故情况的录入、审批、打印和查询功能

续表

一级流程	二级流程	三级流程	管理难点和存在的主要问题	功能需求分析
		设备运行情况统计		提供设备运行情况统计、查询和打印功能； 可以自定义报表
		设备事故率统计		提供设备事故率统计、查询和打印功能； 可以自定义报表
	设备移装管理			
		设备移装交接单		提供设备移装交接单的录入、查询和打印功能
	设备调拨管理			
		开设备调拨单		提供设备调拨单的录入、查询和打印功能
		设备调拨出库		提供设备调拨出库单的录入、查询和打印功能
		设备调拨入库		提供设备调拨入库单的录入、查询和打印功能
	设备租赁管理			
		年度设备租赁计划		提供年度设备租赁计划的录入、审批、查询和打印功能
		月度设备租赁计划		提供月度设备租赁计划的录入、审批、查询和打印功能
		设备租赁合同		提供月度设备租赁合同的录入、审批、查询和打印功能
		开设备出厂验收单		提供设备出厂验收单的录入、审批、查询和打印功能
		设备租赁交接		提供设备租赁交接的录入、审批、查询和打印功能
		设备租赁费用结算		提供设备租赁费用结算的录入、审批、查询和打印功能； 与财务系统接口

续表

一级流程	二级流程	三级流程	管理难点和存在的主要问题	功能需求分析
	特种设备管理			
		制订年度设备检定计划		提供年度设备检定计划的录入、审批、查询和打印功能
		制订月度设备检定计划		提供月度设备检定计划的录入、审批、查询和打印功能； 月度设备检定计划与年度设备检定计划需要建立关联关系
		反馈设备检定结果		提供设备检定结果的录入、查询和打印功能
		特种工目录管理		提供特种工信息的录入、查询和打印功能
	备品备件管理			与 ERP 系统接口
		设备备品备件维护		提供设备备品备件信息的录入、查询和打印功能，能够按照备品备件查询到相应的设备； 备品备件信息需要与设备建立关联关系
		设备更换零部件记录		提供设备更换零部件信息的录入、查询和打印功能，能够查询到设备更换零部件的次数、数量和更换时间等信息； 零部件更换信息需要与设备建立关联关系
	设备统计分析			
		主要设备运行月报		提供主要设备运行情况的报表生成、查询和打印功能； 系统可以定义主要设备，报表可以自定义
		设备事故（故障）月报		提供设备事故（故障）月报的报表生成、查询和打印功能； 报表可以自定义

续表

一级流程	二级流程	三级流程	管理难点和存在的主要问题	功能需求分析
		主要设备完好情况月报		提供设备完好情况统计报表生成、查询和打印功能； 报表可以自定义
		设备管理经济指标情况月报		提供设备管理经济指标情况统计月报表生成、查询和打印功能； 报表可以自定义
		生产设备维修费用率月报		提供生产设备维修费用统计月报表生成、查询和打印功能； 报表可以自定义
		设备闲置统计表		提供设备闲置情况统计报表生成、查询和打印功能； 报表可以自定义
设备维修				
	设备大修			
		年度设备大修计划		提供年度设备大修计划的录入、审批、查询和打印功能
		月度设备大修计划		提供月度设备大修计划的录入、审批、查询和打印功能
	设备检修			
		设备检修标准管理		提供设备检修标准管理相关信息的录入、查询和打印功能
		年度设备检修计划		提供年度设备检修计划的录入、审批、查询和打印功能
		月度设备检修计划		提供月度设备检修计划的录入、审批、查询和打印功能
	设备送修与验收			
		开大中修鉴定报告单		提供大中修鉴定报告单的录入、查询和打印功能
		审批大中修鉴定报告单		提供大中修鉴定报告单的审批和查询功能

续表

一级流程	二级流程	三级流程	管理难点和存在的主要问题	功能需求分析
		开维修预算申请单		提供维修预算申请单的录入、审批、查询和打印功能
		开送修交接单		提供送修交接单的录入、查询和打印功能
		开维修验收单		提供维修验收单的录入、查询和打印功能
	设备维修招投标管理			
		制作招标通知书		提供招标通知书的录入、审核、打印和查询功能
		录入投标书		提供投标书的录入、查询和打印功能
		制作设备定分标计划		提供设备定分标计划的录入、审核、查询和打印功能
		设备维修合同		提供设备维修合同的录入、审核、查询和打印功能
		设备验收		提供设备验收相关信息的录入、查询和打印功能
	设备维修			提供设备维修相关信息的录入、查询和打印功能
	维修费用结算			提供设备维修费用结算信息的录入、查询和打印功能； 与财务系统接口
设备报废和出售				
	设备报废			
		报废申请单		提供设备报废申请单信息的录入、审核、查询和打印功能
		报废处理		提供设备报废处理信息的录入、审核、打印和查询功能
	设备出售			提供设备出售信息的录入、审核、查询和打印功能

续表

一级流程	二级流程	三级流程	管理难点和存在的主要问题	功能需求分析
	客户档案信息			提供设备出售客户档案信息的录入、查询和打印功能
	账务处理			与财务系统接口
设备资产管理				
	设备折旧			提供设备折旧信息的查询和打印功能； 与财务系统接口
	资产清查			提供设备资产清查信息的录入、审核、查询和打印功能； 与财务系统接口
	盘盈盘亏处理			提供设备盘亏盘盈信息的录入、审核、查询和打印功能； 与财务系统接口

从上面的案例 15 可以得到以下启示。

- 设计信息系统前要对业务流程进行全面梳理。设计完整的端到端流程，并将流程细化、分解，形成完整的流程清单，做到流程管理无盲区。
- 软件需求分析对信息系统的开发非常重要。软件需求分析是一项复杂而细致的工作，需要熟悉业务，需要熟悉软件的整个开发过程，了解软件能够实现或者不能够实现哪些功能。很多信息系统应用得不好，或者频繁修改，都与前期的软件需求分析没有做到位有很大的关系。
- 不是所有的流程都要纳入信息系统。需要分析和规划哪些流程进入信息系统，哪些流程人工完成，让信息化与业务流程有机融合。
- 要考虑与其他信息系统的接口。任何一个信息系统都是针对某一业务的，它不可能包罗万象，为了防止“信息孤岛”的存在，需要考虑与其他信息系统的接口，能够使数据相互贯通、相互取用。

2.4 贯通全价值链

1. 经典回顾与分析

在信息化的浪潮中，美国的戴尔公司曾经在信息化应用领域走在了前面。戴尔公司用互联网改造了客户到现金的端到端流程，利用信息化再造流程成为经典。

戴尔公司以定制化生产和网上销售而著名，被人称为戴尔模式。早在 20 世纪 80 年代初，迈克尔·戴尔就开始关注个人电脑生产企业的业务模式，他发现了一个更好的销售电脑的方法。这种方法可以免除许多不必要的成本，让人们以更低的价格买到自己想要得到的电脑。这个更好的方法就是向客户直销，绕过了分销商这个中间环节。戴尔公司从消费者那里直接拿到订单，接下来自己购买配件组装电脑。这就意味着戴尔公司无须生产车间和设备生产零部件，也无须在研发上投入资金。

与同行业的竞争对手相比，他们与客户直接接触，从网上获取客户订单，然后物料采购、生产制造、物流发货，最后将产品送达客户手中。因为利用了信息化的手段，使得流程更简短、更快捷、更有效率，同时也降低了成本，使产品更有竞争力，戴尔公司客户到现金的端到端流程分析如表 2-2 所示。

戴尔模式涉及的组织和人员包括客户、戴尔信息中心、戴尔制造中心、供应商、第三方物流等。戴尔公司的客户分布在全国各地，而且数量非常大，如果是实体店为客户提供此类服务，将会需要大量的投资。戴尔公司的供应商也分布在全国各地，而且数量很大，戴尔公司通过建立信息中心，使得与供应商的信息沟通变得快捷和及时，保证了生产物料的及时供应。第三方物流公司提供专业的物流服务，能够及时从各方获得必要的信息，包括从信息中心、制造中心、供应商和客户等处获得的信息。

表 2-2　戴尔公司客户到现金的端到端流程分析

活动说明	戴尔公司从客户到现金流程步骤	与同行对比所具有的优势
客户下订单	（1）客户在网上下订单。客户与戴尔信息中心直接联系、下单	同行公司通常是客户当面下订单，然后再传递给制造厂。而戴尔公司是客户在网上直接下订单，保证了订单信息传递的及时性和准确性
客户交款	（2）客户交纳购货款	客户下单后需要交纳购货款，避免了过后的催款和坏账情况的出现，也省去了不少麻烦和不必要的工作
确认订单信息	（3）戴尔信息中心确认购货款到账后，确认订单信息，同时，各供应商可以根据此信息了解自己需要提供的物料信息，为物料的提供做好准备，戴尔制造中心（工厂）可以准备生产计划	订单信息确认后，各供应商通过网络及信息系统可以直接查询所需要相关物料信息，提前备料。同行的做法通常是确认订单后，将需要的物料计算好后，再通知供应商备货，流程复杂，而且信息在多次传递过程中可能出现差错
采购	（4）戴尔制造中心（工厂）与各供应商沟通，确定到货物料信息，包括物料名称、规格、数量、供货时间等	戴尔制造中心（工厂）归口统一处理相关信息，根据生产计划与供应商沟通到货信息
供应商供货	（5）供应商准时供货	客户下单时，供应商通过信息系统提前已经了解所需的物料信息，所以有充足的时间准备物料
物流	（6）产品生产出来后，戴尔制造中心（工厂）与第三方物流沟通	—
物流	（7）第三方物流将产品运输到库房	—
准备备品备件	（8）第三方物流与供应商沟通	第三方物流公司与供应商直接沟通，提供备品备件，不需要经过戴尔公司，这样简化了流程。而同行通常需要经过厂家的协调和调度，流程长且费时费力
提供备品备件	（9）供应商提供给第三方物流必要的备品备件	供应商可以直接将备品备件提供给第三方物流公司，简化了流程

续表

活动说明	戴尔公司从客户到现金流程步骤	与同行对比所具有的优势
物流发货	（10）第三方物流与戴尔信息中心沟通发货事宜	戴尔信息中心统一汇集和处理各种信息，做到了及时和高效
物流送货	（11）第三方物流与客户确定发货具体事宜（送货地点、时间）	—
客户接收货物	（12）第三方物流按时发货，客户接收货物	—
给供应商付款	（13）戴尔信息中心给供应商付款	戴尔信息中心根据客户收到货物的信息，就可以给供应商付款。同行通常给供应商的付款会有意或无意地滞后一段时间，影响供应商的积极性

戴尔模式有如下启示。

（1）利用互联网再造业务流程或重新设计流程，可以大幅度提高流程效率。企业应当结合互联网的特点重新设计业务流程，充分利用信息系统来解决企业管理中的问题。设计流程时把跨组织的业务流程当作重点，如与供应商的业务流程，与经销商的业务流程，与政府监管部门的业务流程等。

（2）利用互联网整合供应链，可以大幅度地提高整个供应链的效率。供应链可以分成外部供应链和内部供应链。企业不仅要考虑内部各个部门的接口及其运营效率，还应当从整个产业供应链的角度来规划和设计企业的供应链，不仅要提升企业内部的效率，更重要的是提升整个供应链的效率。企业之间的竞争已经变成整个供应链的竞争。相对于整个供应链效率的提升来说，企业内部流程的优化对效率和效益带来的效果小一些。互联网是一种很好的工具。

（3）企业的业务越复杂，信息处理量越大，越需要信息化。在从客户到现金的端到端流程中，有大量的信息需要处理，这也正是可以发挥计算机和网络优势的地方。除了发货，都是信息中心与客户接触，集中处理各种信息，减少了中间环节，减少了差错率，也保证了数据的一致性，同时也大幅度提高了企业的整体运营效率。

(4) 企业应当将信息化应用提升到战略高度。当今互联网几乎涉及日常生活和企业日常工作的各个方面。信息化对企业的影响是长远的、全局性的，企业应当认真研究和利用互联网和信息技术，要有“互联网+”的意识和思维方式，通过互联网或信息化改变企业的业务模式和管理模式，提升运营效率，从而形成企业独特的核心竞争力。

(5) 信息化建设需要首先对流程进行总体规划和设计，要避免“信息孤岛”的存在。流程的设计应当从公司的层面做端到端流程的规划和设计，打通部门墙，将流程在部门中贯通，而不能仅仅从部门的角度考虑如何优化流程。

2. 全价值链分析：企业内部和外部流程分析

随着竞争的日趋激烈和客户期望的提升，仅仅在企业内部对业务流程进行优化已经不能满足企业需求。一些领先的企业已经将信息技术的应用提升到新的高度，并且正在进行面向全程供应链的业务模式再造，这是一种更高层级的业务流程再造。业务模式就是业务如何组合及各种组织相互的关系，它涉及供应链中的供应商、合作伙伴、经销商等产业链的各个环节，影响着这些组织在整个产业生态环境中的位置和相互关系。

业务模式是企业在战略层面上基于 IT 所做的创新和变革，对企业竞争力与企业业绩会产生很大的影响。

从流程的角度看，业务模式体现在高层级流程上。研究业务模式的目的，就是如何从更高的层面再造企业的流程，减少资源投入，缩短交付时间，同时降低风险，最终提升企业核心竞争力。

对企业而言，客户在变，竞争对手在变，供应商和合作伙伴在变，企业的外部环境在不停地变化。因为企业无法改变外部大环境，但为了生存和持续发展，就必须不断评估及尝试改变自己的业务模式，有时甚至要创建新的业务模式。企业需要适应快速变化的世界，以全新的思考方式来指导规划或优化业务模式。所以，企业的业务模式也需要做动态优化。企业要经常问自己这样三个问题："我们的客户是谁？客户需要我们完成哪些工作？我们的流程应当做哪些改变才能适应客户的需要？"

企业不仅要关注内部运营，更应当关注企业与外部的接口关系。企业与供应商、合作伙伴、经销商等之间存在大量的业务往来和流程，这些流程直接影响企业的产品质量、采购成本、产品成本、销售价格、利润等。另外，企业还与政府、协会、证券交易所、媒体、社区有多种业务往来，也存在大量的流程，这些流程往往繁多而且复杂，需要企业投入大量的资源，影响企业的运营效率和声誉等。

图 2-8 显示了某中药企业所处行业产业链分析。通过产业链分析从宏观上了解中药企业在市场中的地位，考虑企业对外流程的重要性和特点，据此设计组织机构和业务流程，确保整个产业链的流程更有效率。从影响的程度和范围来看，企业内部局部的改变，影响的只是局部，带来的效益或产生的风险有限。如果企业整合整个供应链，那么因为整个供应链的改变使得业务流程优化，产生的效果会非常显著。

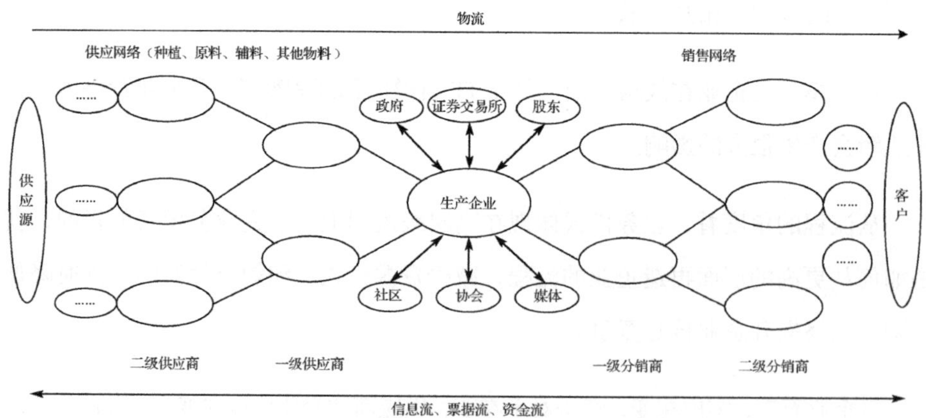

图 2-8　某中药企业所处行业产业链分析

企业在市场信息的驱动下，通过供应链的分工与协作（生产、分销、零售等），以物流或/和服务流为媒介实现整个供应链的不断增值。

企业在提供产品和服务的过程中，信息流非常重要，如何快速、有效地将相关信息传递给相关的组织和人员，这是应该重点考虑的问题。传统的信息流的传递，如对客户、供应商、经销商、政府、协会等外部机构，大多一对一或一对多，串行，环节多，速度慢。而在信息化环境下的信息传递则是从一点向外发散，通过网络瞬间传遍全球各地，同时传递给相关的各方，减少了很多中间环节，传递速度大幅度提升。

3. 消除“信息孤岛”，实现价值链的全流程贯通

图 2-9 显示了某中药企业内部价值链，即创造价值的流程。通过对中药企业内部核心流程和关键控制点分析，设计流程绩效指标，可以对流程进行监控，在兼顾流程的效率和风险的基础之上，确保整个价值链的效率得以提升。

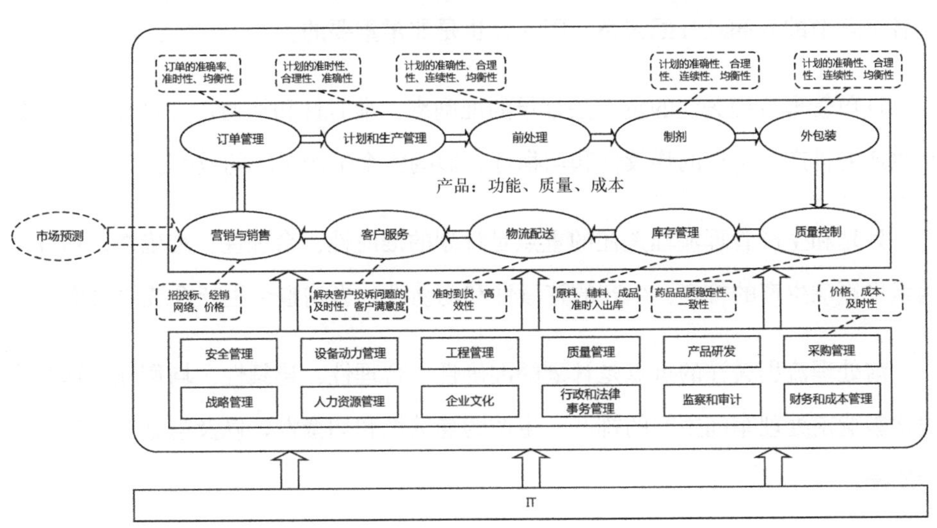

图 2-9　某中药企业内部价值链

从图 2-9 中可以看到该企业的核心运营流程包括营销与销售、订单管理、计划和生产管理、前处理、制剂、外包装、质量控制、库存管理、物流配送、客户服务。这些流程为企业直接创造价值，是企业的核心流程。

管理和支持流程包括安全管理、设备动力管理、工程管理、质量管理、产品研发、采购管理、战略管理、人力资源管理、企业文化、行政和法律事务管理、监察和审计、财务和成本管理，这些流程对核心运营流程起支撑作用。

下面对该中药生产企业的核心运营流程做一个概要分析。

营销与销售流程关注的重点是市场预测、招投标、经销网络、价格。市场预测对公司资源的合理调配和使用至关重要，所以，这是一个重点环节；招投标是指各个省区对中药生产企业生产的药品进行的招投标，如果不能中标，那么这种药品就不能进入该省区进行销售，因此这对中药制药企业是非常重要的；经销网络直接影响药品的销售；价格不仅是影响产品销售的重要因素，而且影响药品经销各个环节的利润及分配关系，因此，也是非常重要的。

订单管理流程关注的重点是订单的准确率、准时性和均衡性。这几个因素影响生产的排产、生产的连续性和均衡性，影响整个生产系统的效率。

计划和生产管理流程关注的重点是计划的准时性、合理性、准确性。这几个因素也影响生产的排产、生产的连续性和均衡性，影响整个生产系统的效率。

前处理流程关注的重点是计划的准确性、合理性、连续性、均衡性。这几个因素影响前处理车间生产的排产、生产的连续性和均衡性，以及前处理车间的生产效率。

制剂流程关注的重点是计划的准确性、合理性、连续性、均衡性。这几个因素影响制剂车间生产的排产、生产的连续性和均衡性，以及制剂车间的生产效率。

外包装流程关注的重点是计划的准确性、合理性、连续性、均衡性等。这几个因素影响外包装车间生产的排产、生产的连续性和均衡性，以及外包装车间的生产效率。

质量控制流程关注的重点是药品品质稳定性、一致性。对药品生产的各个环节进行质量控制，制定控制标准，能够确保药品品质的稳定性和一致性。

库存管理流程关注的重点是原料、辅料、产品准时入出库。原料和辅料保管的好坏直接影响药品的质量和药效，需要有一定温湿度的库存环境；原料和辅料准时入库和出库能够确保生产的连续和稳定；产品（成品药品）的准时入库和出库影响物流配送的合理安排及给客户送货的及时和准确。

物流配送流程关注的重点是准时到货、高效性。物流环节关注的重点是准时到货和高效，满足客户的同时又能够降低物流成本。

客户服务流程关注的重点是解决客户投诉问题的及时性、客户满意度。对客户投诉一定要及时处理，给客户一个满意的处理结果；客户满意度是多方面因素影响的结果，它可能与药品品质有关，可能与价格有关，还可能与客户投诉处理的及时与否有关；客户满意度高能够获得良好的口碑，保留客户，也能为企业带来更多的客户。

以上每项业务流程，根据其关注的重点（关键控制点和要求）不同可以设计不同的监控指标，分析监控需要收集什么样的数据，据此考虑在设计信息系统时对数据的需求，并考虑如何取数。根据流程管理的需要设计的管理信息系统的过程，如图 2-10 所示。

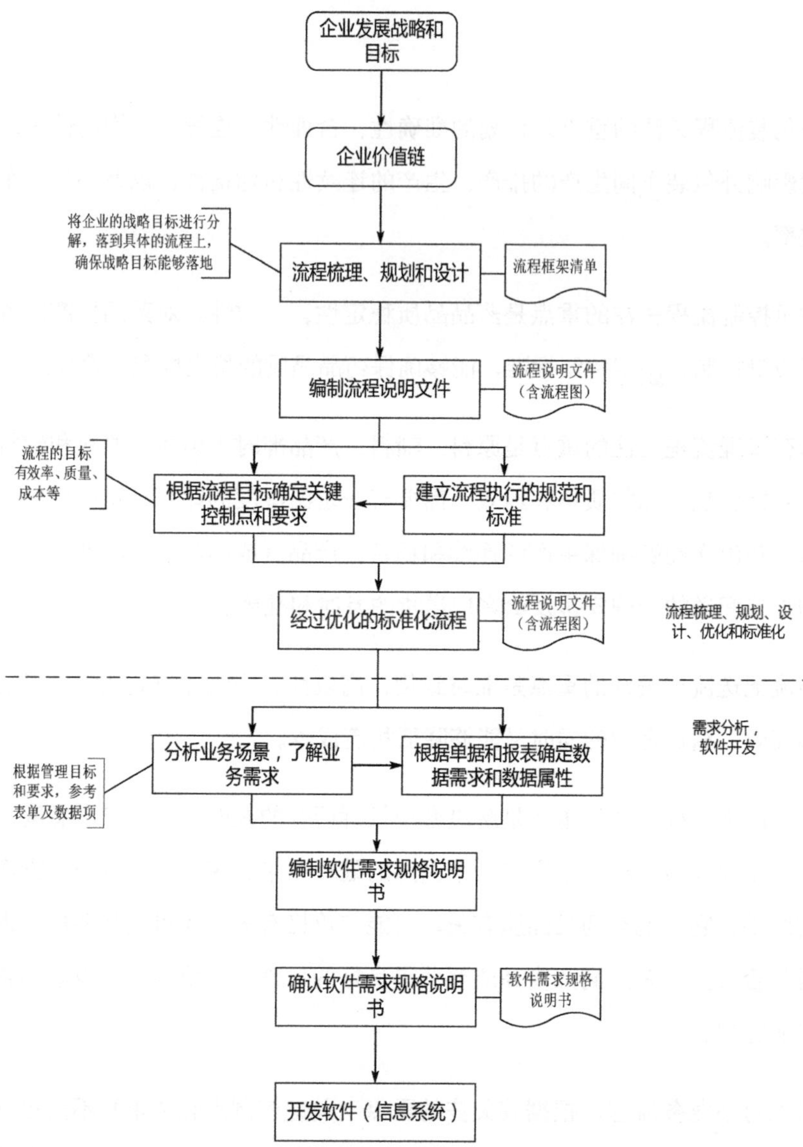

图 2-10　根据流程管理的需要设计的管理信息系统的过程

通过上述分析可以看到价值创造的这些流程是相互关联的，需要将这些流程进行协同，以获得整体运行的高效，并保持与企业发展战略和经营目标的一致。

还可以对这些流程进行分解，进一步细化，直至操作层面，将责任落实到具体的部门和岗位，以便更好地管理流程。

4. 用信息化再造流程，实现端到端流程的贯通

某电信公司 ICT［信息（Information）、通信（Communication）、技术（Technology）］业务的从客户发现到现金回收（Lead to Cash，L2C）的端到端流程，如图 2-11 所示。这个流程体现的是企业运营服务开通能力。

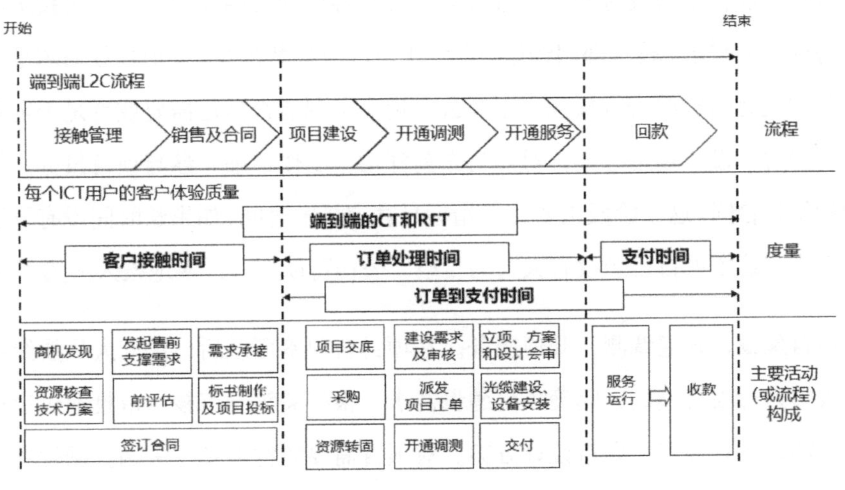

图 2-11　某电信公司 ICT 业务的 L2C 的端到端流程

L2C 的端到端流程涉及多个部门，流程运行周期长。以前是各部门管各自的流程，流程碎片化现象严重，协调管理难度大。而且，很多流程是人工作业，流程效率低下，不能留痕，跟踪和查询不方便。流程的主要目标是监控交付时间和交付质量，这是客户非常关注的。

为此，该电信公司对流程进行了系统梳理，将 ICT 业务多个流程整合为从客户

发现到现金回收的端到端流程，即从识别客户到现金收入的端到端流程。利用信息系统将企业对外和对内的流程贯通。该电信公司还任命了这个端到端流程负责人，负责整个流程的协调和管理工作，并利用信息系统实现了大部分人工作业的自动化，不仅提高了工作效率，而且各种操作能够在系统中留痕，方便追溯。

这个端到端流程可以分为以下几个阶段：接触管理，销售及合同；项目建设，开通调测，开通服务；回款等。

接触管理，销售及合同。通过售前人员与客户的接触发现商机，对技术部门发起售前支撑需求。技术部门经过分析，认为是一个潜在客户，于是做需求承接，并对公司现有的资源进行核查，了解公司现有资源能否满足需要或者是否需要增加新的资源，设计技术方案，对项目做前评估，制作标书，参与项目投标。投标成功后签订合同。这个阶段主要度量指标是客户接触时间，如果长时间没有进展，那么就说明这个项目已经没有太大的希望，公司可以不再过多地投入人力资源。

项目建设，开通调测，开通服务。在项目合同签订以后，售前人员要给项目实施人员进行项目交底，明确项目建设需求，报相关领导审核，审批通过后进行项目立项，设计方案，会审设计方案。对项目需要的物料进行采购。派发项目工单，光缆建设、设备安装，资源转为固定资产。开通测试网络，合格后交付给客户。这个阶段主要度量指标是订单处理时间，它是项目开始施工直至开通交付的整个过程的时间，需要严格控制这个时间，必须要在合同约定的时间内完成。

回款。网络交付后正式运营向客户收款。这个阶段主要度量指标是客户支付时间，交付后需要催促客户尽快付款。

对于 L2C 的端到端流程需要度量的是端到端流程从开始到结束的时间。而且，需要把每项工作一次做正确，避免返工情况的出现。以上这些度量指标通过流程分解，细化到各部门甚至落实到具体的岗位，让每个部门和每个岗位知道自己处理业务时需要的时间，从而保证了整个端到端流程的时间在控制的范围之内。

2.5　流程与信息化一体化整合项目实施

很多中小企业在实施 ERP 等软件时，一般采用 IT 公司现有的比较成熟的行业版软件产品。对于这类企业不需要做客户化定制开发的软件产品，实施路径和方法相对要简单一些。因为这些企业的规模不大、业务不太复杂、业务基本相同或差异很小，所以这些企业可以直接采购和应用现有的软件产品。

但是，对于较大规模企业或者大型企业，由于业务复杂，流程复杂，企业会有很多个性化的需求，所以，这些企业往往需要重新开发软件产品或者在 IT 公司现有的比较成熟的行业版本基础之上做二次开发。因为每个项目都有其特殊性，加上企业规模、业务特点、管理需求及合同要求不同。所以，不同的企业需要选择适合自身的特定实施路径和方法。

下面介绍的项目是客户化定制开发项目。这样的项目是将流程与信息化进行一体化整合，有一定的代表性。整个一体化整合项目共分为八个阶段，如图 2-12 所示。

下面以具有典型性和代表性的采取客户化定制开发方式的项目为例，对流程与信息化一体化整合项目各阶段的阶段目标、工作方法、工作内容和步骤、成果与交付物等做一个全面的介绍。可以从重要性、难度、工作量大小和风险等几个方面对流程与信息化一体化整合项目的实施过程进行分析和解释。

这类流程与信息化一体化整合项目实施周期比较长，不同阶段中的工作可以并行或交叉进行。

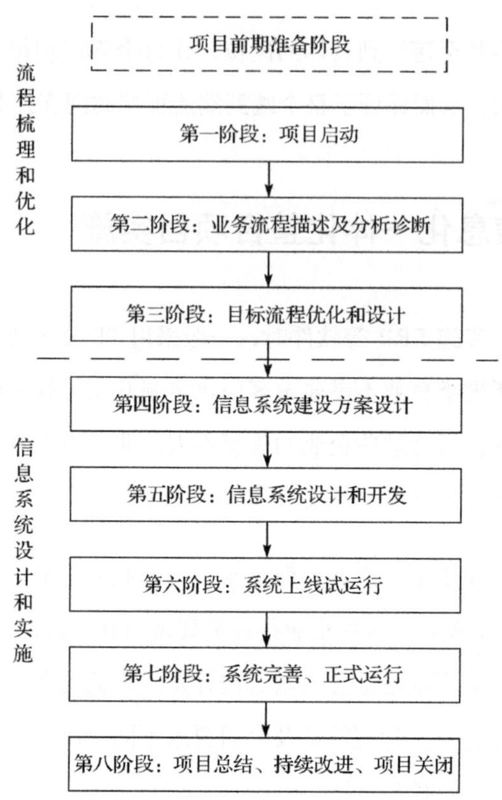

图 2-12　流程与信息化一体化整合项目实施的八大阶段

项目前期准备阶段（见表 2-3），这个阶段的主要工作内容包括拟定项目建议书，确定项目目标、内容和实施范围。它决定了项目资源的投入和项目周期；项目建议书需要与高层、各部门进行深入的沟通和交流，经过总经理或主管高管确认后签订项目合同，项目建议书作为合同的附件，可以避免项目需求不清晰产生的风险；初步拟订项目实施总体计划，介绍项目总体实施思路和路径，明确项目阶段划分和交付物等。

表 2-3　项目前期准备阶段

阶段目标	工作方法	工作内容和步骤	成果与交付物
（1）确定项目目标、内容和实施范围 （2）签订项目合同	• 高层访谈 • 研讨	（1）通过甲乙双方接洽和沟通，拟定项目建议书 （2）讨论并确认项目建议书，确定项目要达到的目标、内容和实施范围 （3）签订项目合同	《项目建议书》和《项目合同》

第一阶段：项目启动阶段（见表 2-4），这个阶段主要工作内容包括召开项目启动会，做好项目准备工作，成立项目组，明确项目成员及职责分工，制订项目实施总体进度计划并达成共识。

表 2-4　第一阶段：项目启动阶段

阶段目标	工作方法	工作内容和步骤	成果与交付物
（1）成立项目组，做好项目准备工作 （2）制订项目实施总体进度计划 （3）召开项目启动会	• 会议 • 访谈 • 小组讨论	（1）甲乙双方成立联合项目组，明确项目成员及职责分工 （2）做好项目实施准备工作，如编制和确认项目实施总体进度计划，编制项目管理制度等 （3）收集相关资料，如公司组织架构、部门职能、发展战略规划、年度经营计划、年度总结报告、流程和制度文件、单据和报表等。了解企业背景、发展战略、组织架构、部门职能、管理现状、企业特点和企业文化等 （4）召开项目启动会。中高层、项目组、业务骨干和 IT 人员参加，需要拟定项目启动会参加人员名单。介绍项目整个实施过程、项目阶段划分、里程碑、各阶段主要交付物和甲乙双方工作分工等 （5）理念培训。加强各级管理者和员工的理念培训，使员工认识到流程管理和信息化应用给企业带来的价值 （6）制作宣传资料，利用各种宣传手段和培训方式扩大企业员工对流程与信息化项目的了解，并有效调动各方的积极性，提高对项目的重视程度，以便更好地推动项目实施，为项目实施营造良好氛围	《项目组织机构及职责分工》、《项目实施总体进度计划》、《项目管理制度》、《理念培训资料》和《流程和信息化宣传资料》

第二阶段：业务流程描述及分析诊断阶段（见表 2-5），这个阶段的主要工作内容包括全面系统地梳理业务流程，设计公司流程框架；确定目标流程；设计流程说明文件模板，按照模板的要求编写流程说明文件，绘制目标流程图。梳理流程和设计公司流程框架是重点也是难点，需要全面熟悉公司的业务，需要具有相关流程框架设计成功经验的专家参与，这项工作的工作量巨大。目标流程是指比较重要的、需要 IT 固化的流程，确定目标流程需要各部门讨论确定，有一定的难度。目标流程图不仅要按照模板绘制出来，而且需要相关部门评审通过，这些不仅是重点和难点，而且工作量巨大。

表 2-5　第二阶段：业务流程描述及分析诊断阶段

阶段目标	工作方法	工作内容和步骤	成果与交付物
（1）了解企业总体状况、业务的整体运作情况 （2）通过调研和访谈，帮助客户理顺思路，引导客户进行深入思考，从而了解根本需求和亟待解决的问题 （3）有针对性地进行相关培训，通过强化培训使员工达到本岗位所需的管理技能 （4）诊断公司流程及流程管理中存在的主要问题 （5）全面梳理公司的业务流程，设计流程框架，定义流程 （6）绘制目标流程图	• 问卷调查 • 中高层访谈 • 资料阅读和分析 • 小组讨论	（1）设计调查问卷 （2）发放调查问卷，回收并做统计分析 （3）拟定访谈提纲，确定访谈环境、人员、问题及所要收集的资料。对高层进行访谈，主要是了解高层所关注的业务和问题，希望解决哪些问题；对中层进行访谈，主要是了解部门业务内部存在的问题及部门之间存在的协调问题；如有必要，可以对关键的业务骨干进行访谈，了解关键业务流程执行情况及存在的问题。访谈后要做访谈纪要的整理、问题点的收集、各种资料的消化等工作 （4）收集流程方面相关资料 （5）根据调研、访谈和收集的资料进行综合分析和诊断，编制管理诊断报告 （6）根据分析和诊断的情况制订有针对性的培训计划并进行相关的培训，如流程管理、流程规划、流程绘制方法培训等 （7）　收集和分析行业资料，了解整个行业特点，确认行业标杆，研究标杆 （8）指导各部门梳理流程，形成部门的流程清单 （9）确定关键流程。关键业务流程可以从以下几个方面考虑：客户关注的、客户投诉多的、业绩影响大的、风险大的、占用资源多的、经常出现问	《调查问卷》、《访谈计划》、《相关培训资料》、《诊断报告》、《公司流程框架》、《目标流程清单》、《流程标准化模板》和《目标流程图及流程说明文件》

续表

阶段目标	工作方法	工作内容和步骤	成果与交付物
		题的。确定流程优先级，一般情况下，流程越复杂，投入的资源就越多，流程流转时间就越长，效率就越低，所以需要优先考虑；优化后收益大、见效快的流程应当优先选择；流程风险大，对流程优化的风险就高，为了降低实施的风险，减少损失，同时也为了增强人员信心，应当优先选择风险小的流程 （10）设计公司流程框架，公司项目组成员配合工作 （11）公司高层全部参与，各部门经理一起参与讨论公司的流程框架 （12）评审公司流程框架。企业中高层和项目组成员参加 （13）确定目标流程，编制目标流程清单。需要与企业高层和中层讨论，确定目标流程，形成目标流程清单。在确定目标流程时要考虑 IT 技术的应用情况 （14）对公司流程进行全面系统分析和诊断，诊断公司流程及流程管理中存在的主要问题，并提出改进建议 （15）编制流程诊断报告 （16）设计流程说明文件模板 （17）指导各部门按照模板的要求编写目标流程说明文件，绘制目标流程图 （18）对目标流程图和流程说明文件进行评审 （19）指导各部门完善目标流程图和流程说明文件	

第三阶段：目标流程优化和设计阶段（见表 2-6），这个阶段的主要工作内容包括目标流程优化，新业务或以前没有的流程的设计，流程指标设计等。重点和难点是对目标流程进行优化，需要系统思考，做全局优化，对端到端流程进行优化；设计流程绩效指标，建立适合本企业的指标库；根据优化后的流程对组织机构和部门职能进行适当的调整。

表 2-6　第三阶段：目标流程优化和设计阶段

阶段目标	工作方法	工作内容和步骤	成果与交付物
（1）对目标流程进行优化 （2）完成流程的设计（新业务或以前没有的流程）	• 资料阅读和分析 • 小组讨论	（1）对目标流程进行优化。流程优化不仅仅针对个别流程，应当系统化地思考，做全局优化，要对端到端流程进行优化。收集每个流程的关键问题点，通过标杆对比，找出差距，制定企业所能达到的关键流程的目标，根据制定的目标对目标流程进行优化 （2）初步分析和确定目标流程需要哪些信息系统进行支撑，需要有哪些基本数据库，需要有哪些基本信息 （3）对新业务或以前没有的流程进行设计 （4）设计流程绩效指标，建立适合本企业的指标库 （5）编制切实可行的流程绩效考核管理办法 （6）根据优化后的流程对组织机构和部门职能进行调整 （7）设计流程实施方案 （8）企业高层和中层对流程实施方案进行评审 （9）修改和完善流程实施方案 （10）流程实施方案的宣传和讲解 （11）辅导实施方案。可以先选择一些流程进行一段时间的运行，积累部分经验和教训后，再进行大规模的流程运行，这样可以降低项目风险，提高项目的成功率 （12）阶段项目总结。将项目中的文档分类整理，项目阶段经验总结，项目阶段成败原因分析，项目阶段评价 （13）提交流程阶段项目文档。将流程阶段所有文档、资料和评价结果进行归档 （14）阶段成果验收	《目标流程优化设计方案》、《组织机构及职能调整方案》、《流程图及流程说明文档》（优化或新设计的流程）、《流程绩效指标库》、《流程绩效考核管理办法》、《流程实施方案》和《流程阶段项目总结报告》

第四阶段：信息系统建设方案设计阶段（见表 2-7），这个阶段的主要工作内容包括对系统的总体结构形式、系统功能和可利用的资源进行大致的设计，是宏观上的设计，它将影响用户或自身对项目投入的成本、效果、性能等。重点和难

点是全面系统地收集各业务部门的信息化需求；对特殊业务流程的处理；确定关键业务流程对信息系统和数据的需求。

表 2-7　第四阶段：信息系统建设方案设计阶段

阶 段 目 标	工 作 方 法	工作内容和步骤	成果与交付物
设计信息系统建设方案	● 调研 ● 访谈 ● 资料阅读和分析 ● 小组讨论	（1）收集各业务部门的信息化需求 （2）特殊业务流程处理的研讨 （3）理念产品培训 （4）收集相关资料，如公司发展战略规划、年度经营计划、年度总结报告、公司信息系统模块清单、单据和报表等 （5）对信息系统需求部门和单位进行调研，访谈相关的高层和中层管理人员，了解管理难点，了解信息化能够解决哪些问题 （6）明确需要信息化的业务流程。确定业务流程对信息系统和数据的需求 （7）行业信息化应用情况分析 （8）标杆企业信息化建设案例研究 （9）设计信息系统建设方案，包括各模块详细实施方案及进度计划 （10）评审信息系统建设方案 （11）修改和完善信息系统建设方案	《信息系统建设方案》

第五阶段：信息系统设计和开发阶段（见表 2-8），这个阶段的主要工作内容包括需求调研、需求评审、流程建模、设计和开发信息系统、基础数据准备等。需求调研是重点也是难点，需要具有丰富经验的专家参与，是一项复杂和细致的工作，需要了解用户对信息系统的详细需求（包括明确的和未明确的潜在需求），编制软件需求规格说明书，对软件实现的功能做详细的描述；需求评审和确认工作非常重要，需要充分地沟通和交流；流程建模是为了使流程便于在信息系统中运行而建立的模型；设计和开发信息系统不仅是重点和难点，而且工作量大；基础数据准备非常重要，对数据的准确性要求高，这项工作的工作量大，而且还需要耐心和细致。

表 2-8　第五阶段：信息系统设计和开发阶段

阶段目标	工作方法	工作内容和步骤	成果与交付物
（1）调研和确认业务部门的信息化详细需求 （2）流程的软件建模 （3）设计和开发信息系统 （4）完成数据准备工作	• 调研 • 访谈 • 资料阅读和分析 • 小组讨论	（1）需求调研，编制软件需求规格说明书。通过调研、访谈、资料阅读和分析，了解用户对信息系统的详细需求。对需要信息化的业务流程做详细的描述，描述业务场景，对业务需求进行详细分析，确认流程的数据需求。确定流程业务有哪些数据项及内容，建立数据模型，对数据的属性、类型和含义做详细的描述和说明。编制软件需求规格说明书，对软件实现的功能做详细的描述 （2）需求评审。业务部门评审软件需求规格说明书 （3）建立业务流程模型 （4）信息系统设计。主要内容包括编写概要设计说明书，编写详细设计说明书，编写数据库设计说明书，还包括工作流系统开发、界面设计、系统接口设计、输入和输出设计、表单设计等 （5）信息系统开发，系统编码 （6）系统测试。系统测试通过后方能正式发布 （7）系统发布 （8）培训、辅导用户做基础数据的准备，完成基础数据准备工作 （9）编写管理员手册 （10）编写用户手册	《业务场景》、《业务需求分析》、《数据需求》、《软件需求规格说明书》、《开发的信息系统》、《相关培训教材》、《编码规范》、《基础数据》、《管理员手册》和《用户手册》

第六阶段：系统上线试运行阶段（见表 2-9），这个阶段的主要工作内容包括安装部署及模拟运行软件，完成系统管理员和最终用户的培训，导入准备好的基础数据，系统上线试运行，运行监测和记录，对发现的问题和软件漏洞进行修改，完善软件。对系统管理员和最终用户的培训是重点；准备好的基础数据的检查和模拟运行很重要，避免出现“输入的是垃圾，输出的也是垃圾”的情况；试运行期间的人工和系统并行时可能存在两者数据不一致的情况，需要定期进行检查或者不定期地抽查。

表 2-9　第六阶段：系统上线试运行阶段

阶段目标	工作方法	工作内容和步骤	成果与交付物
（1）安装部署及模拟运行软件 （2）完成系统管理员和最终用户的培训 （3）系统上线试运行	• 培训 • 现场辅导 • 小组讨论	（1）基础数据收集。收集用户准备好的基础数据，检查数据的规范性和准确性，确认准备好的数据符合要求 （2）搭建系统部署环境 （3）软件安装部署，系统参数设置 （4）模拟运行软件 （5）对企业管理员进行培训 （6）对企业最终用户进行培训，包括各级管理人员和业务人员 （7）权限管理与用户权限设定 （8）系统阶段验收报告，确认软件功能是否满足用户的需求 （9）系统上线试运行，运行监测和记录 （10）对发现的问题和软件漏洞进行修改，完善软件	《客户化开发的应用系统（软件）》、《系统安装部署记录》、《系统阶段验收报告》、《系统上线计划》和《系统试运行记录》

第七阶段：系统完善、正式运行阶段（见表 2-10），这个阶段的主要工作内容包括完善系统，运行系统，持续支持，对实施效果进行评估。

表 2-10　第七阶段：系统完善、正式运行阶段

阶段目标	工作方法	工作内容和步骤	成果与交付物
（1）完善系统 （2）系统正式上线运行	• 现场辅导	（1）制定日常维护策略 （2）制定用户系统管理制度 （3）完善系统 （4）上线正式运行 （5）系统运行持续支持 （6）实施效果评估	《应用系统（已完善）》、《用户系统管理制度》和《实施效果评估报告》

第八阶段：项目总结、持续改进、项目关闭阶段（见表 2-11），这个阶段的主要工作内容包括通过系统正式运行，达到项目的最终目标，准备验收文档，完成

项目的验收，并做好持续改进计划。

表 2-11　第八阶段：项目总结、持续改进、项目关闭阶段

阶段目标	工作方法	工作内容和步骤	成果与交付物
（1）通过系统正式运行，达到项目的最终目标 （2）完成项目的验收	• 小组讨论	（1）对项目进行总结 （2）准备验收文档 （3）完成项目验收 （4）项目实施跟踪（按照合同约定执行）	《项目总结报告》、《项目验收报告》和《持续改进计划》

第 3 章阅读导引

本章介绍了流程标准化。

首先，介绍了标准化思想和标准化的好处（见 3.1 节）。然后，介绍了作业标准化，以及指导作业的标准作业程序（Standard Operation Procedure，SOP）（见 3.2 节）。通过流程标准化可以建立管理标准，可以明确管理中的活动要素，如流程的角色或岗位、输入/输出、成本、时间、作业模板、绩效指标等，为流程运行提供标准和指导，也为企业信息化打好基础（见 3.3 节）。流程标准化也会对组织机构产生影响，需要对组织机构进行调整和优化。组织标准化是为了更好地为创造价值的流程服务（见 3.4 节）。

第 3 章

流程标准化

3.1　标准化思想

标准是为在一定的范围内获得最佳秩序，经协商一致制定并由公认机构批准，共同使用和重复使用的一种规范性文件。标准通常以语言、文件、图样等方式出现，或利用模型、标样及其他具体表现方法，并在一定时期内适用。也就是说，随着社会的进步和科学技术的发展，标准需要不断“升级”，以保持标准的先进性、科学性和可操作性。常见的标准有国家标准、行业标准、地方标准，以及国际标准和国外先进标准。目前，国家标准中已经有很多等同或修改采用了国际标准或国外先进标准。

标准化是为了在一定的范围内获得最佳秩序，对现实问题或潜在问题制定共同使用和重复使用的条款的活动。

古代已经出现了标准化的思想和实践活动。秦始皇统一六国后，用诏书这一法律形式对计量器具、文字、货币、道路、车辆、兵器等进行了统一。特别是到了北宋时期，毕昇发明活字印刷术，成功地运用了标准件、互换性、系列化、组合化、通用化等标准化基本原则和方法，孕育了现代标准化的原理，堪称我国乃至世界标准化发展史的里程碑。

随着社会化分工的发展，人们有意识地制定标准，以规范人类生产和交换活动。在社会化生产的今天，分工更细化，要求工艺技术的规范化和统一化，对生产的标准化提出了更高的要求。为了提高生产效率，在制造业中广泛采用互换性好、通用化高的零部件。20 世纪，美国福特汽车厂把繁多的车型简化为一种“T”型车，简化了品种规格，提高了零部件通用化程度，采用流水作业，实行专业化生产，从而大大降低了成本，提高了生产效率，同时在汽车制造业率先实现标准化。

近代标准化的表现形式主要有简化、统一化、系列化、通用化、组合化以及互换性。标准化着重体现在社会化大工业生产中的术语、符号、代号等标准，尺寸标准，公差标准，性能标准，设计规范，测试方法标准，规格标准及安全标准等项目上。标准化的领域和作用范围也在进一步扩大，已经出现了企业的标准化库房、高校的标准化食堂、中药厂的标准化种植等。

一辆汽车有上万种零部件，需要上百家工厂协作生产。飞机制造就更复杂，美国波音 747 飞机有 450 万个零件，由 6 个国家的 1500 家大企业和 15 000 家中小企业协作生产。这样的大规模现代化生产必须要依赖标准化才能使生产活动高度协调一致，使生产的全过程受控并有序地、系统地联系起来。所以说，标准化是组织现代化社会化大生产的必要条件。标准化直接为企业的各项生产经营活动在品质和数量方面提供共同遵循和重复使用的准则。在企业管理中通过制定、贯彻和实施标准，可以建立起系统、可控的最佳秩序。通过标准化活动，提高零部件的继承性和复用率，减少零部件的开发工作量，可以大大缩短产品研发周期和生产周期，提高生产效率和效益。

制定企业标准的目的是使其在生产、经营和管理活动中发挥作用，制定先进合理的企业标准也是企业建立最佳秩序，获得最佳经济效益的前提。

针对企业生产的产品（包括服务产品）应当制定相应的标准。企业生产的产品没有国家标准、行业标准和地方标准的，应当制定相应的企业标准，作为组织生产的依据。在市场经济环境下，国家鼓励企业依据市场需要制定严于国家标准、行业标准和地方标准的企业产品的“内控标准”。为了提高产品质量和技术含量，企业可以“内控标准”组织生产，以利于企业产品适应市场竞争的需求。

产品标准是企业标准体系的核心，它是产品质量特性的集中反映。企业可以通过制定产品标准把市场和客户的需求及社会需求转化为产品标准，市场和客户的需求包括可靠性、安全性、经济性、适应性等，社会需求包括法律、法规、环境等。制定产品标准的过程就是确定产品质量特性的过程。特性可以是各种各样的，如功能特性、可靠性、物理特性、感官特性、时间特性、行为特性等。功能特性，如汽车发动机的功率、飞机飞行的速度和高度；物理特性，如产品或零部件的强度、硬度、韧性、刚度、耐磨性等；感官特性，如食品的气味、服装面料的手感、产品外观的颜色、产品运行和使用时发出的声音等；时间特性，如服务的准时性、服务的等待时间和提供时间；行为特性，如礼貌、诚实、正直等。

上面介绍了标准和标准化思想的起源，以及标准化的好处。有人会以此类推，产品能够标准化，那么，是否能把作业标准化，甚至是流程标准化呢？

当然，作业标准化、流程标准化不是不可行的。但是，需要分析一下其前提条件，或者叫约束条件。

案例 16：
你把优秀企业的流程直接拿过来用不行吗

某位专家为 FF 公司实施流程变革项目，在与公司的管理人员进行交流时，公司的一位经理问专家："你们做了很多的流程项目，你把优秀企业的流程直接拿过来用不行吗？干吗还让我们梳理流程、画流程图？"

专家笑着答道："那么，为什么你们不买一些流程管理的书籍，照搬书上的流程，直接使用不就行了吗？"

案例 16 中 FF 公司这位经理的想法其实是一种标准化的想法，这种想法是好的，但是通常行不通，有点理想化了。企业中有不少管理人员都有这样"拿来即用”的想法。但我们应当仔细分析，分析一下“拿来即用”的前提条件，什么情况下可以，什么情况下不可以。一个企业如果下级单位业务完全相同（如麦当劳连锁店），组织机构和岗位又是标准化设置（因为流程中的活动要对应具体的部门和岗位），那么流程拿来可以直接使用。当然完全相同的情况较少，可能会进行少量的修改。而非标准化的组织设置则不能这样操作。此外，对于一个企业来说，梳理流程的过程也是定义流程的过程，是各部门、各单位熟悉流程并达成一致的过程，这是必须要做的。

3.2 作业标准化

1. 作业标准化的定义

作业标准化就是把作业过程中的各项操作标准化。通过这样操作就可以让不同的员工按照标准的操作完成工作，从而保证了产品质量和服务质量。作业标准化通常是通过标准作业程序来实现的。

案例 17：

我们需要实施作业标准化

HH 公司是某省一家大型服务企业，在省内各地市有很多分支机构。由于员工的流动性较大，往往老员工走后把知识和经验也带走了，而新来的员工不知道怎么做，需要做大量的培训工作，费时费力，不仅影响了日常的工作，也影响了客户感知。

公司从几年前开始实施作业标准化，总经理吴总说：“以前我们缺的是服务标准化，现在我们需要实施作业标准化！”

公司先从操作层面抓起，制定标准作业程序，目前该程序已经涵盖了大约 80% 的业务，同时公司也修改和完善了相应的制度，至今已经几年了，效果显著。作业人员有了统一的服务作业标准，尤其是新员工知道作业标准及如何操作后，培训时间缩短了，很快就能适应工作的需求，效率提高了，同时也提升了客户感知。有了作业标准也便于检查、监督、激励和考核，而且能够将经验快速复制到新建的单位和部门。

看到这几年取得的成果，吴总笑道："一粒珍珠不值钱，一串珍珠就值钱了。我们想再用两到三年的时间进行完善，最终形成一个完整的标准化服务体系。"

案例 17 中的 HH 公司实施作业标准化取得了很好的效果。不仅传统行业如此，各行各业都需要或可以实施标准作业程序。这个体系的建立也是"一把手工程"。它不是一朝一夕就能够建立起来并发挥作用的，它需要长期的积累、优化和提炼，是一个逐步完善的过程。标准化服务体系往往会设计一套标准化的表格，这样便于检查和监督执行情况，也便于量化考核。

标准作业程序（Standard Operation Procedure，SOP）就是将某一事件的标准操作步骤和要求以统一的格式描述出来，用来指导和规范日常的工作，又被称作标准操作程序或标准操作规程。

SOP 就是把一个岗位应该做的工作进行流程化、精细化、标准化，使得任何一个人经过培训合格后都能很快胜任该岗位的工作，而且保证工作过程和结果的一致性。

可以从以下三个方面来理解 SOP。

首先，SOP 是一种程序，是对一个作业过程的描述，是流程下面对具体活动进行控制的程序。

其次，SOP 不是理念层次上的东西，而是一种作业程序，是具体操作层面的标准作业指导文件。

再次，SOP 是一种标准的作业程序。所谓标准，在这里有最优化的含义，即 SOP 不是随便写出来的操作程序，而是经过实践不断总结出来的在当前条件下可以实现的最优化的操作程序。SOP 将相关操作步骤进行细化、量化、优化，然后固化形成标准。

SOP 从稍微细化的角度为企业提供作业指导。由于各种原因，企业的许多岗位的人员经常会发生变动，不同的人由于成长经历、学识、经验和性格的不同，做事的方式和步骤各不相同。即使做事的方式和步骤相同，但做每件事的标准仍会有一些差异，比方说，在服务行业经常会要求电话铃声响后要“马上接听”。但是到底什么是“马上接听”，可能每个人都会有不同的理解。对于客户来说，他希望的是“尽快”有人接听。因此，可以通过 SOP 的方式将“马上接听”进行量化，比方说，“电话铃声响三声以内”就是“马上接听”，这样就将作业的细节进行量化和规范了。SOP 本身也是在实践中不断进行总结、优化和完善的，在这一过程中积累了许多人的共同智慧。SOP 能够提高做事的效率，通过单项 SOP 对相应工作效率的提高，SOP 体系必然会提高企业整体的运行效率。

由于 SOP 是对作业程序具体操作的优化，这样每个员工都可以按照 SOP 的相关标准规定来做事，不会出现大的错误或失误。即使出现错误或失误也可以很快地通过 SOP 的每个步骤检查发现问题，然后加以改进。同时，SOP 保证了日常工作的连续性和相关知识的积累，也无形中为企业节约了一些管理成本。从企业的经营效果来看，竞争不只发生在宏观层面，关键的竞争优势在于成本降低或产品的差异化，而这些都体现在作业的具体细节上。从这个意义上来看，SOP 对于提高企业的整体运行效果也有很好的促进作用。

除了传统的工业企业，服务行业（如医院、酒店、电信、港口、餐饮、超市、保险、金融、证券等）为了提供更好的服务，防止出现不同的员工服务标准不一样，通常在作业层面会制定很多 SOP。例如，医院有医院临床检验 SOP、药物临床试验 SOP、输血科标准操作规程 SOP、生化标准操作程序 SOP 等；酒店有酒店客房部 SOP、餐饮部 SOP、西餐厅 SOP、客房 VIP 接待 SOP 等；超市有超市 SOP；保险行业有保险费 SOP 等。

2. 作业标准化的好处

企业应当根据自身的业务特点，设计各项业务的 SOP，并形成一个完整的 SOP 体系，用来指导各项作业活动。实施 SOP 具有以下好处。

- 技术和经验的传承。将企业技术人员积累下来的技术和经验记录在标准格式的文件中，以免因技术人员的流动而使技术和经验流失，使技术和经验能够得以传承下去。
- 用于人员的培训。利用 SOP 培训操作人员，使操作人员经过短期培训即可快速掌握较为先进的操作技术。
- 保证产品和服务的一致性。有了 SOP，就不会因为不同的操作人员产生不同的操作，从而保证了产品和服务的前后一致性。而且容易追溯不良品产生的原因。
- SOP 作为企业最基本、最有效的管理工具，方便和简化了管理人员的管理工作。
- 实现企业各项生产运营管理的规范化、标准化、简单化。
- 树立企业良好形象，取得客户信赖与满意。

3. 如何编制标准作业程序

对经常性、重复性的作业可以编制 SOP。编制 SOP 要考虑到行业、产品和业务特点，设计合适的模板。模板中要包括必要的管理要素、管理要求、具体步骤和质量标准。

各项作业活动需要明确负责者、制定者、审定者、批准者、操作者等人的职责，制定统一的格式。例如，制定 SOP 的单位名称，文件注明“标准作业程序”，页码和总页数，准确反映该项目 SOP 业务的具体题目，反映该项 SOP 主题的关键词（以方便计算机检索），简述该 SOP 的目的、术语和主体内容等。主体内容应当具体、详细、简单明确、可操作性强，以使具备专业知识和受过培训的工作人员理解和掌握为原则。每份 SOP 的脚注处有负责者、制定者、审定者、批准者的签名和签署日期，标明该份 SOP 的生效日期。

一般可以按以下几个步骤来编制 SOP：

- 确定整个作业流程。梳理整个作业过程，绘制出相应的流程图。如果需要的话，可以绘制出相应的子流程图，并依据每一个子流程确定相应的程序。在每一个程序中，确定关键控制点，考虑哪些控制点需要编制 SOP，哪些控制点不需要编制 SOP，哪些控制点可以合起来编制 SOP。
- 明确执行步骤。确定每一个需要编制 SOP 的执行步骤。对于在程序中确定需要做 SOP 的控制点，应先将相应的执行步骤列出来。执行步骤的划分应有统一的标准，如按时间的先后顺序来划分等。
- 设计适用的模板，编制 SOP。在以上问题都搞清楚的前提下，就可以着手编制 SOP 了。除文字描述外，SOP 还可以增加一些图片或其他图例，目的是将步骤中某些细节进行形象化和量化。

案例 18:

N 酒店酒水部红酒的服务程序

N 酒店是一家五星级的酒店，各个部门都制定了标准作业程序。下面是酒水部针对红酒服务制定的程序。

1. 准备工作

（1）准备好客人点的酒；

（2）在冰桶中放入 1/3 的冰块，再放入 1/2 冰桶的水后，将冰桶放在冰桶架上，并配一条叠成 8 厘米宽的条状口布；

（3）将红酒取回后放入冰桶中，商标向着客人，瓶口不可向着客人；

（4）准备好酒刀。

2. 红酒的展示

（1）左手持口布，右手持红酒，将酒瓶底部放在条状口布的中间部分，再将条状口布两端拉起至商标以上部位，并使商标全部露出；

（2）右手持酒瓶的颈部，左手轻轻托住酒瓶底部送至客人面前，请客人看清酒的商标，并询问客人是否满意，能否开启。

3. 红酒的开启

（1）得到客人允许后将酒瓶放回冰桶，左手扶住酒瓶，右手用酒刀割开铅封，并用口布将瓶口擦干净；

（2）将酒钻垂直钻入木塞，注意不要旋转酒瓶，待酒钻完全钻入木塞后，用酒刀的卡卡住瓶口，左手扶住卡右手轻轻拉起，拉出木塞时不应发出声音；

（3）将木塞从酒钻旋出，放入碟中，放在客人酒杯右侧。

4. 红酒的服务

（1）服务员右手持用口布包好的酒，商标朝向客人，从客人右侧倒入客人杯中1/10的酒，请客人品评酒质；

（2）客人认可后按照先宾后主、先女后男的原则依次为客人倒酒，倒酒时站在客人的右侧，倒入杯中2/3即可；

（3）每倒完1杯酒要轻轻转动一下酒瓶，避免酒滴在台布上；

（4）倒完酒后，把酒放回冰桶，商标向着客人。

5. 红酒的添加

（1）随时为客人添加红酒；

（2）当整瓶酒将要倒完时，询问主人是否再加1瓶，如不加酒，待客人喝完杯中酒后，将空杯撤掉；

（3）如客人同意加酒，服务程序与上相同。

案例18中N酒店的这个标准作业程序非常详细，从准备工作开始，到红酒的展示、红酒的开启、红酒的服务、红酒的添加，明确了每个步骤的具体操作、要求和注意事项。

服务程序中对服务员的站立位置，左右手如何协调操作，酒瓶的放置位置和朝向，条状口布、酒刀如何使用描述得非常详细，服务人员一看就明白。而且，将服务中可能出现的问题及注意事项写得清清楚楚，避免服务中可能遇到的令客人不愉快的事情发生，如酒水滴落、不需要添加时却给客人添加红酒等。遵照这个服务程序肯定会让客人满意，另外对新员工来说，看了这个标准作业程序，可以快速掌握操作要领和注意事项，很快上手。

3.3　流程标准化和标准化管理体系

上面介绍了标准作业程序，那么可能有读者会问，标准作业程序和流程是不是一回事呢？如果不是一回事，那么它们之间有什么区别？又有什么联系呢？

流程通常是跨部门、跨岗位的，按照迈克尔・哈默博士的说法，如果一项业务涉及三个人以上，那就应该有流程。所以，流程主要是为了协调和管理流程活动中各岗位或多个人之间的关系而设计的。

标准作业程序比流程层级更低，它是流程下面对具体活动进行控制的程序，是对作业活动的描述。标准作业程序是针对活动中的某一个或多个具体事项的操作而制定的标准动作。标准作业程序将相关操作步骤进行细化、量化、优化，然后固化形成标准。

可以借鉴标准化的思想，对流程进行标准化。流程标准化定义如下：流程标准化是为了对业务流程有一致的描述和理解，依据事先由管理者和被管理者都认可的规范或约定来选择活动要素、实施流程管理的活动。

流程标准化首先要将流程活动要素标准化，根据管理要求选择和确定流程要素，如流程的角色或岗位、输入/输出、成本、时间、作业模板、绩效指标等。其次，建立标准化的流程说明文件，就是将业务流程形成标准化的可供执行的流程说明文件。最后，建立管理标准，为企业中各部门或各单位提供流程运作的指导和标准，使对流程的管理有一个共同遵守的标准，以便于执行、监督和检查。

任何一个企业，在其日常运作过程中都客观地建立并运行着一个管理体系。管理体系通常是以流程为基础创建的。通过管理体系能够实现对资源的合理调配，充分发挥各种资源的作用，确保企业正常而有效地运营。

常见的流程标准化体系有 ISO9001 质量管理体系等。

自 20 世纪泰勒的科学管理理论创建以来，针对如何管理企业出现了很多理论。这些理论来自企业的管理实践，是对实践活动的总结和提升，经过体系化后又用来指导实践活动，并在这个过程中不断得到丰富和完善，企业管理实践同管理理论和管理体系的关系如图 3-1 所示。

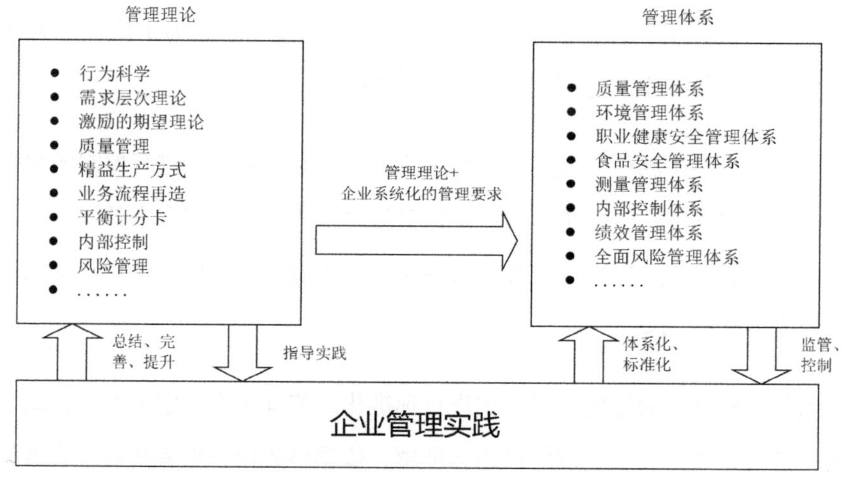

图 3-1　企业管理实践同管理理论和管理体系的关系

根据这些理论，人们针对某些业务或领域的特点和管理需求建立了一些管理体系，这些管理体系来自人们对这些管理理论的综合应用，有的已经形成了标准管理体系，如质量管理体系、环境管理体系等。通过管理体系对业务流程进行全面系统的监督和控制。

对于标准管理体系，在体系中都建立了一些标准化的流程框架，即以流程为基础构建标准管理体系，如 ISO 国际标准系列管理体系等。

随着科学技术的发展、社会的变革、人们认识的提高和改变，管理理论也在管理实践中不断地丰富和完善。结合企业系统化的管理要求，人们也在不断地建立和完善各种管理体系，同时为了避免出现管理体系的“孤岛”，大家也在探索多体系的整合。

建立和实施企业标准管理体系对企业有以下好处：

- 建立标准管理体系，能够促进企业管理和技术全面进步，提升企业管理水平。
- 建立标准管理体系可以为企业提供一些具有共性的流程，并为共性流程的管理提供标准。但由于企业千差万别，所以还有很多企业所独有的流程需要识别和定义。
- 建立和实施标准管理体系有利于规范企业内部的管理行为。企业通过一系列的标准来规范操作行为和作业流程，从而控制各种影响质量的因素，以减少或消除质量缺陷的产生。而且，一旦发现质量缺陷，也能及时发现并采取纠正措施，从而能够提高产品质量，降低生产成本，提升生产效益。
- 建立标准管理体系，能够提高产品质量，提升企业形象，提高产品市场占有率，增强企业市场竞争力。
- 实施标准管理体系，能够更好地为客户提供质量可靠、满意的产品，进而提升品牌的美誉度和知名度，提升客户服务感知和满意度，从而带来更多的客户，进而为企业带来更多的利润。

当然，企业在不断地发展和变化，实践在变，业务在变，导致管理模式、管理体系也在变。因此，也要不断地对业务流程进行改善或优化。

本书对流程标准化管理体系只进行简要介绍，详细内容请参考有关书籍。

从这些年企业标准化建设与创新实践来看，企业标准管理体系在建设、运行、改进及提升过程中还存在一些问题。例如，工具和方法不完善制约了标准的建立、改进、废止等；员工有时需要的仅是部分标准或标准的部分条款，如果制定的标准繁多则难以落实；工作标准很难随岗位实施动态调整；难以实现技术标准、管理标准、工作标准的有效协同和持续改进。

ISO9001 质量管理体系等标准管理体系，为企业提供了一些具有共性的流程，建立了一个具有共性的流程框架。但是，这个框架比较粗，对于企业来说还需要将这个流程框架进行细化，将所有的流程包括企业所独有的流程进行识别和定义。

由于每个企业的业务流程、管理基础和实际管理状况不同，所以，建立以流程为基础的标准管理体系的方法和步骤也会不一样。在此，就建立和完善流程标准化管理体系的方法，提出一些建议供大家参考。

（1）构建标准化管理体系的总体框架。常见的管理体系包括质量管理体系、环境管理体系和职业健康管理体系等，一般由管理手册（质量/环境/职业健康安全）、程序文件、作业文件和记录表单组成。管理手册阐述了企业的质量/环境/职业健康安全管理方针、管理目标、组织结构及管理体系过程之间的相互作用关系，是企业对所有客户、相关方的承诺，也是描述企业管理体系的纲领性文件。管理手册是管理活动必须遵循的企业法规，是落实各部门质量/环境/职业健康安全职能，规范各单位质量/环境/职业健康安全行为的准则。程序文件是各项工作开展的流程，内容包括编制目的、适用范围、管理职责、工作程序、支持性文件（相关流程和制度）、相关记录等。作业文件也是流程中活动的作业文件，两者是一样的，而不是单独的两套作业文件。记录表单也是流程活动的记录表单，两者是一样的，而不是单独的两套记录表单。

（2）厘清业务现状，建立流程框架。ISO9001 质量管理体系等管理体系，为企业提供了一些具有共性的流程，建立了一个具有共性的流程框架。但是，这个框架比较粗，还需要进行细化，将所有的流程进行识别和定义。流程体系建设是管理体系建设的基础。企业应当全面系统地梳理业务流程，根据企业发展战略确定企业创造价值的完整价值链，以价值链为基础建立企业完整的流程框架。

(3) 以流程框架为基础，定义流程、明确流程所有者及流程活动要素。通过统一、规范的建模方式，规范表述流程环节、工作内容、职责划分、管理要求等内容，实现业务流程可描述、可操作、可分析、可衡量。通过对流程活动要素进行分析，确定或制定相应的制度，以及需要的信息系统及其功能，并使之与流程相匹配。这样也可以通过制度与流程关联的方式，直观体现流程是否有制度支撑以及不同制度对同一个流程、不同制度条款对同一个业务环节的要求。

(4) 识别端到端流程。流程的局部优化未必能够使企业全局最优。在对流程进行梳理时需要针对企业核心业务流程，实现流程的端到端管理。通过流程的端到端管理，能够发现和解决流程之间的衔接和断点问题。在此基础之上，确定流程的关键控制点，制定管控措施，优化流程及管理要求，打通部门墙，消除层级壁垒，提升企业核心业务竞争力。

(5) 根据流程确定岗位具体工作内容，建立工作标准。根据各个岗位所涉及的流程，可以明确岗位具体工作内容，据此建立工作标准。通过流程角色与岗位职责匹配，建立岗位、权限、角色、流程之间的关系，消除组织、岗位变动对流程的影响。当组织结构、岗位发生变动时，仅调整角色与岗位的对应关系，管理要求可以通过岗位手册落实至新的岗位，为员工作业提供依据。

(6) 以流程体系为基础，构建标准管理体系。标准与业务高度融合是标准落地的基础。通过实施管理制度、标准、流程一体化解决方案，可以将非结构化的制度及标准文件转化为结构化数据，在企业实施标准管理体系时实现对制度、标准内容的管理。将制度、标准与流程进行匹配，可实现管理标准、技术标准和工作标准基于流程的协同。编制流程说明文件，流程说明文件应当包含执行标准化流程所需的全部要求，以流程说明文件为基础编写管理标准，可保证管理标准与业务的融合，实现制度向管理标准的转化和提升。岗位手册包含了岗位工作相关的全部要求，通过流程管理平台可自动将岗位手册转化为工作标准，保证岗位标准是岗位业务执行和考核的依据，并能够随岗位、业务的变化实现工作标准的便捷、动态调整。

那么，构建流程标准化管理体系应当包括哪些要素？可以从以下维度来考虑。

- 流程和流程体系。企业经营管理人员主要关心的问题是什么？有哪些流程？对流程的管理如何形成一个系统、完整的体系？在对流程实行全覆盖、无盲点管理的同时，如何抓住重点、识别关键业务流程？
- 流程标准化。企业经营管理人员应主要关心以下问题。流程标准化的要素和内容有哪些？流程说明文件应该制定什么样的统一标准？流程的衡量标准有哪些？制定流程标准时，重点应关注流程的节点、责任人、成果、事件，可以设计标准模板来设定流程的要素和内容。流程的活动要素很多，通过这些要素，我们对流程活动乃至整个流程的管理可以更全面、更精细、更到位，做到没有“漏项”。当然，在设计和绘制流程图时，应当根据需要来选取要素，但选取的要素不是越多越好，因为任何管理活动都是有成本的。所以，企业应当根据管理的目标和细化的要求来选择，需要在流程活动的质量、成本、效益之间进行适当的权衡。
- 组织标准化。企业经营管理人员应主要关心以下几个问题。针对标准化的流程如何配置资源？工作由谁来做？组织标准化对集团公司尤为重要，如果集团公司的分（子）公司、事业部有相同的或类似的业务，可以考虑组织机构设置的标准化。可以看到很多组织标准化的例子，如麦当劳、肯德基连锁店的组织机构设置。这样做的好处是便于上下级业务流程的对接，能够很容易找到对口负责的部门，将责任落实到具体的部门，便于统一标准、统一管理，也使集团公司能够快速复制和扩张。

- 质量标准化。质量标准化就是对流程中的工作、产品和服务要做到什么程度而制定相应的标准。工作或产品的质量衡量标准是什么？所有衡量标准必须有清晰的定义，以便取得共同理解，衡量标准包括衡量标准名称、标准流程、衡量标准的定义（时长、工作量、节点）、衡量方法、数据来源等。
- 作业标准化。作业标准化用来制定作业标准，指导员工具体怎么做。作业标准化要求作业过程具有详细的操作步骤，有时还要包括注意事项等。通常通过制定标准作业程序，将积累的经验通过标准固化下来。
- 制度标准化。制度的标准化是指针对流程管理应当制定什么样的制度标准，如何用制度标准约束管理人员和员工的行为，调动管理人员和员工的积极性，并给予适当的奖惩。

3.4 以流程为基础的组织标准化

1. 组织机构的“标配”

企业组织机构设计的理论最早可以追溯到亚当·斯密在其《国富论》中率先提出来的劳动分工理论。19 世纪末期到 20 世纪初期，泰勒、法约尔、韦伯等人对古典组织机构设计理论的产生和发展做出了极其重要的贡献。这种理论侧重于对静态组织结构的研究，重视组织效率的提高，并在一定程度上揭示了组织的性质，为组织机构设计理论的产生和发展奠定了基础，其主要观点如下。

（1）组织是一个分工的体系。组织中的每一个部门或单位，无论是横向的各职能部门，还是纵向的各层级单位都是根据劳动分工的原则来进行区分和设计的。

（2）组织是一个权责分配的体系。组织中的每个部门、每个单位、每个岗位都应当有明确的工作任务，并要求员工都必须按照规定的职责和任务去努力完成各自的工作或任务。

（3）组织是一个层级的管理体系。在组织中，上级和下级之间具有层层的领导关系，上级对下级下达指令，下级必须接受和执行。

（4）组织是一个由规章制度构成的体系。组织中的每一个成员都依照规章制度办事，这是保障组织能够正常运行和发挥作用的基础。

（5）组织是一个协调的体系。为了保证组织内部各部门步调一致，必须协调各部门、各岗位之间的关系和活动，使他们能够保持一致。上下级之间通过指令来协调，同级之间可以通过构建某种机制来协调。

（6）组织是一个有目标的体系。任何一个组织都有其需要实现的总目标。为了实现总目标，就必须将其分解到每个职能部门甚至是每个岗位。总目标的实现有赖于组织中的每个部门和每一个员工的努力，否则，组织的整体目标就难以实现。

基于这种思想，泰勒、法约尔和韦伯等人提出了他们各自关于组织机构设计的一些基本看法和模式。但是这种理论忽略了组织中个人性格的相互作用、非正式群体的存在、部门之间的矛盾及组织决策过程等因素，因而具有很大的局限性。

为了弥补古典组织机构设计理论的某些缺陷，20 世纪 20 年代至 50 年代出现了新古典企业组织机构设计理论。他们注重研究组织中的人际关系，将行为科学融进了组织理论，主要代表人物有梅奥、马斯洛、巴纳德和利克特等人。他们运用行为科学阐明了古典组织机构设计理论的基本原理是如何受到人的行为影响的，而且还系统研究了组织内部的非正式群体，从而说明了非正式群体对正式组织的影响。新古典组织机构设计理论的主要观点如下。

(1) 组织是一个心理与需求平衡的系统。构成组织的各个成员的心理及由个别成员构成的团体心理对组织结构的设置及其有效运行都是有很大影响的。

(2) 组织是一个影响力系统。组织内部由于各成员之间的交流而产生了相互之间的影响力，这样不但上级人员可以影响下级人员，同级人员之间可以相互影响，而且下级人员也可以影响上级人员。而组织权力则只是构成影响力的一个方面的因素。

(3) 组织是一个沟通的系统。组织中成员与成员之间的沟通，不只是遵循命令或权责系统或协调的途径进行，更会遵循人际关系的途径进行。

(4) 组织是其成员性格综合的系统。组织内部各成员由于心理性格的不同，对于同一事物的认识也会不同，所以会产生各种矛盾和冲突，而组织的任务之一就是要协调这些矛盾和冲突，达成一致，从而实现组织目标。

(5) 组织是一个配合的系统。构成组织的要素有人、事、时、物和财五个方面。组织应当使这五种要素获得最适当的协调与结合，否则，组织就无法正常运转，无法有效地实现其组织目标。

(6) 组织中存在非正式组织或团体。非正式组织或团体处理得当与否，会对组织运行产生助力或阻力。

现代组织机构设计理论注重经验数据的分析及将各家学说进行融合，它的研究都基于一个共同的指导思想，即只有将组织作为一个系统加以研究才是有意义的。

后来，德鲁克提出了目标管理方法，其基本精神是要把以工作任务为中心的管理方法和以人为中心的管理方法综合起来，使得组织既能调动员工完成工作任务的积极性和创造性，从工作中满足其自我实现的需要，同时也能沟通上下左右的意见，从而促进企业目标的实现。最近几十年又出现了学习型组织理论和流程再造理论。美国彼得·圣吉经过多年的潜心研究提出了学习型组织的理论，他认为要把企业从传统的“组织型企业”改造成“学习型企业”必须进行五项修炼：系统思考、改善心智模式、建立共同愿景、团队学习、自我超越。

组织机构设计基于专业分工，专业分工曾被长期认为是提高效率的有力工具和变革的措施。然而这种专业分工所产生的金字塔型的层级组织结构也导致了组织中的僵化的本位主义，他们各自为政，造成了部门之间相互推诿，引起了客户的不满和抱怨，降低了企业的竞争力。在当今快速变化的社会环境下，这种职能化的专业分工已经无法适应市场和客户需求的变化，更无法在激烈的市场竞争中占据有利的地位。面临这种严峻的挑战，企业组织应往何处走？这是自 20 世纪 80 年代以来一直困扰着学者和企业家们的紧迫而严峻的问题。为此，许多组织学家在研究中都提出了自己的见解，其中以美国的迈克尔·哈默和詹姆斯·钱皮的研究最有影响，他们提出了流程再造理论，在西方发达国家掀起了一场企业管理革命。在职能化管理下，组织的设计“以分工为导向”，将一项业务人为地分割成若干片段，使得流程碎片化，严重地影响了业务效率的提高。流程再造理论树立“以流程为导向”的设计思想，将原有的被分割得支离破碎的业务流程进行重新设计，根据再造的业务流程配置资源、设计组织机构。根据市场和客户需求的变化及时调整组织机构。

业务流程再造的基本指导思想如下。第一，以客户为中心。传统的分工理论将完整的业务流程分解为若干个任务，并把每个任务交给专门的人员去完成。在这种思想的影响下，工作的重点往往落在完成任务上，从而忽视了实现企业的最终目标即满足客户的需要。而业务流程再造的任务就是要恢复业务流程的本来面貌，它所带来的直接好处就是使每个负责流程的人员充分意识到流程的最终目标就是为客户提供价值。第二，以员工为中心。业务流程再造将直接使企业的组织结构发生变化，使组织扁平化，使流程环节减少，提高效率。第三，以效率和效益为中心。业务流程再造将推动企业生产效率和效益的提高，并大大降低运营成本。

业务流程再造曾经在美国的一些大型企业实施并取得了一定的效果。但是，在不少企业没有取得成功。分析其原因，主要是因为业务流程再造没有考虑组织中的人的因素，太过“激进”，从而产生很大的阻力。但是，对“业务流程”进行管理的思想得到了人们的认同，随后由“激进”变为“持续改进”的业务流程管理。

企业组织机构设计的主要目的是使组织中的每个成员能够发挥最大的潜能，使企业整体运营效率和效益达到最大化，保证企业能够以最小的投入换取最大的产出。企业组织机构设计的一般原则有任务目标原则、分工与协作原则、命令统一原则、管理幅度原则、集权和分权相结合的原则、责权利相对应的原则、精干高效的原则、稳定性与适应性相结合的原则、执行和监督分设的原则、正确对待非正式组织的原则等。在组织机构设计时需要重点考虑以下因素：企业的外部环境、企业的经营战略、企业所拥有的技术、企业的人员素质、企业的规模和企业的生命周期。

组织机构设计不是本书的重点，所以，在此只做概要介绍。这方面的内容读者可以参看其他书籍。

下面探讨一下组织标准化的问题及组织标准化的好处和需要考虑的因素。

可以看到很多组织标准化的例子。例如，电信企业和银行的前端营业厅，大型央企和国企下属单位的组织机构，一些快餐连锁店和电器连锁店等，他们的组织机构很多都是“标配”。

组织标准化的好处是能够快速复制，设置标准化的岗位，快速复制流程，由相同的岗位承担流程中相应节点的活动。组织标准化设置为定岗、定编、定员提供参考依据，当组织中的各部门、各单位的人员减少时，不再需要再次上报申请，可以快速补充人员。另外，组织标准化使工作上便于上下级业务对接和对口管理，便于任务的分配，便于集中调度和指挥、协调起来方便，也便于跟踪、检查、指导和汇报。

通常根据企业的发展战略识别创造价值的整个过程，进而规划和设计企业的高层级流程，然后分解细化为具体的操作流程，再根据流程配置资源，即设计或调整相应的组织机构及岗位。

组织机构和岗位设计影响因素：业务是否相同或相似，业务是否稳定，业务量的大小。业务相同或相似、业务比较稳定，可以考虑组织机构和岗位的标准化设置。业务相同或相似、业务比较稳定，而业务量大小不同的也可以考虑标准化设置。如政府机构，同样是县级单位，不同的县可能大小非常悬殊，业务量相差很大，所以有的小一点的县级单位里机构仍然是“标配”，但存在多个科室负责人由同一个人兼任的情况，这样既能很好地与上级政府相关部门对接，又解决了工作量不饱满的问题。在业务不同或差异较大的情况下，组织机构往往采取差异化设置。如果组织有特有的流程，那么可以单独设置部门，但对组织内业务相同或相似的情况，组织机构仍然可以设置成相同的，这样便于对接管理。

案例 19：

Q 集团下属采气厂组织机构设计标准（节选）

Q 集团下属某采气厂根据企业发展规划和产能对组织机构进行了规划，各职能部门和经营生产单位的规划人数严格按照所要求的职能和产能进行科学设置。人员规划遵循以下原则。

（1）统筹规划、促进发展的原则。

（2）总数控制、保证重点的原则。

（3）精干高效、流程顺畅高效的原则。

（4）因职设岗、满负荷工作的原则。

（5）留有余地、虚位以待的原则。

根据这些原则设计采气厂的组织机构如下。

1．厂领导班子

正职领导：厂长、党委书记。

副职领导：副厂长、纪检书记、工会主席、总工程师、总地质师、总会计师。

领导职数设 8 人，其中，厂长 1 人，党委书记兼副厂长 1 人，党委副书记兼纪委书记兼工会主席 1 人，副厂长 2 人，副厂长兼总工程师 1 人，副厂长兼总地质师 1 人，总会计师 1 人。

另设副总师 3 人，其中，副总工程师 1 人，副总地质师 1 人，安全副总监 1 人。

2．机关职能科室

机关职能科室设置：厂长（党委）办公室、生产运行科、技术管理科、人力资源（党委组织）科、计划科、财务资产科、企管法规科（含企管、内控、法规）、质量安全环保科、纪检监察科、企业文化科、公共关系科（或外协科、土地管理办公室）。

机关职能科室 11 个，编制定员 69～71 人，其中科级职数 20 人，如表 3-1 所示。人员配置根据生产发展需要逐步到位。

表 3-1　机关职能科室及岗位设置

部　门	职　能	工作岗位	定员人数	备　注
(1) 厂长（党委）办公室	主要负责行政事务、党委日常工作、联络接待、文档管理、信访稳定、保密及计划生育管理等工作 工作岗位 5 个，编制定员 6 人	主任	1 人	
		副主任	1 人	
		秘书	2 人	
		机要	1 人	
		收发	1 人	
(2) 生产运行科	主要负责日常生产、天然气集输、产能建设、井下作业、应急抢险、矿区道路、防洪防汛、水电通信、设备、运输等业务管理 工作岗位 8 个，编制定员 10 人	科长	1 人	
		副科长	1 人	
		值班	3 人	
		供电供水	1 人	
		设备	1 人	
		道路	1 人	
		输气管道	1 人	
		其他	1 人	
(3) 技术管理科	主要负责地质、采气工艺技术、井下作业等的研究管理和气田研究中心技术支撑的组织协调工作 工作岗位 6 个，编制定员 8 人	科长	1 人	
		副科长	1 人	
		方案	1 人	
		动态分析	2 人	
		测试	1 人	
		采气工艺	2 人	
(4) 人力资源（党委组织）科	主要负责党组织建设、业绩考核、人事劳资管理、员工培训、社会保险、职业技能鉴定等工作 工作岗位 6 个，编制定员 6～7 人	科长	1 人	
		副科长	1 人	
		人事+干部	1 人	
		工资+薪酬	1～2 人	
		保险	1 人	
		培训	1 人	
(5) 计划科	主要负责中长期计划和滚动计划的编制、年度业务发展计划编制和调整、建设项目前期工作和后期评估、建设投资控制、月度生产建设计划编制、综合统计工作等 工作岗位 5 个，编制定员 5 人	科长	1 人	
		副科长	1 人	
		建设投资控制	1 人	
		月度生产建设计划	1 人	
		综合统计	1 人	

续表

部　门	职　能	工作岗位	定员人数	备　注
（6）财务资产科	主要负责会计核算、资产管理、资金管理、预算管理、成本管理控制，以及经济考核指标的制定等工作 工作岗位 8 个，编制定员 8 人	科长 副科长 会计核算 资产管理 资金管理 预算管理 成本管理 差旅费报销	1 人 1 人 1 人 1 人 1 人 1 人 1 人 1 人	
（7）企管法规科（含企管、内控、法规）	主要负责企业管理、基层建设、法律事务、内控建设、合同及招投标管理等工作 根据业务需要，法规业务和内控业务可以从企管法规科分离出来，成立法规科（或法律事务科）、内控科 工作岗位 6 个，编制定员 7 人	企管科长 法规科长 基层建设 合同 经济法律 刑法	1 人 1 人 2 人 1 人 1 人 1 人	
（8）质量安全环保科	主要负责工业生产安全、交通安全、环保、职业健康管理，HSE 管理体系建设，质量、计量、标准化建设，节能节水及消防管理等工作 工作岗位 6 个，编制定员 7 人	科长 副科长 安全 环保 劳保 质量、节能	1 人 1 人 2 人 1 人 1 人 1 人	
（9）纪检监察科	主要负责党风、党纪教育及廉政建设，受理党纪、政纪案件和来信来访、检举、控告和申诉工作，监督检查所属单位执行上级方针、政策、决议及遵纪守法情况等，调查分析生产、经营和管理活动中的执法情况和效能情况 工作岗位 2 个，编制定员 3 人	科长 科员	1 人 2 人	

续表

部　门	职　能	工作岗位	定员人数	备　注
（10）企业文化科	主要负责思想政治理论教育、宣传、思想作风建设、企业文化建设、工会、共青团等工作 工作岗位6个，编制定员6~7人	科长（兼工会副主席） 副科长（兼团委书记） 工会财务 工会综合（组织、计划生育、劳动竞赛、文体活动） 共青团组织干事 企业文化（含宣传）	1人 1人 1人 1人 1人 1~2人	
（11）公共关系科（或外协科、土地管理办公室）	主要负责对外关系协调、土地征借、土地资料整理保存及归档、矿权维护、水土保持等工作 工作岗位2个，编制定员3人	科长 科员	1人 2人	

3．机关附属部门

机关附属部门：工程项目管理室、物资采办站、事务管理站（机关党总支）、数字化与信息中心。

机关附属部门4个，编制定员21人，其中科级职数8人，如表3-2所示。人员配置根据生产发展需要逐步到位。

表3-2　机关附属部门及岗位设置

部　门	职　能	工作岗位	定员人数	备　注
（1）工程项目管理室	主要负责工程项目建设管理，包括工程概预算、工程质量、投资控制，施工现场监督、工程竣工验收、气田维护及维修等管理工作 级别为科级，工作岗位3个，编制定员4人	主任 副主任 科员	1人 1人 2人	

续表

部门	职能	工作岗位	定员人数	备注
（2）物资采办站	主要负责生产物资计划编制、费用预算的编制、物资采购、物资管理等 级别为科级，工作岗位 6 个，编制定员 7 人	站长 副站长 计划 采购+招标 库房+质量+验收 资产账务	1 人 1 人 1 人 2 人 1 人 1 人	
（3）事务管理站（机关党总支）	主要负责行政事务管理、员工健康管理、机关党群工作 级别为科级，工作岗位 3 个，编制定员 5 人	站长兼总支书记 副站长 科员	1 人 1 人 3 人	
（4）数字化与信息中心	主要负责数字化管理、网络信息管理、数据库建设等，是采气厂的生产指挥中心 级别为科级，工作岗位 5 个，编制定员 5 人	主任 副主任 网络管理+网络信息 生产统计+自动化管理 计算机维修	1 人 1 人 1 人 1 人 1 人	

4．基层单位

采气作业区，主要负责区块天然气开发管理工作。

级别为科级，领导职数 4 人，其中经理 1 人、党支部书记兼工会主席 1 人、副经理 2 人，机关管理人员及专业技术人员编制定员 10～20 人。

管理人员配置随着生产规模扩大逐步到位。

（1）采气作业区（若干、下设集气站、计量站等班组）。

（2）净化站（若干）。

（3）LNG 站（若干）。

（4）CNG 站（若干）。

（5）维修抢险大队（含天然气集输巡视队）。

（6）消防队。

5. 天然气集输系统

每个采气厂建设 1～5 个集气站。采气厂部门及岗位设置如表 3-3 所示。

表 3-3　采气厂部门及岗位设置

部　门	职　能	工作岗位	定员人数	备　注
（1）集气站	集气站工作岗位 4 个，岗位编制 7～8 人	管理岗：站长兼党支部书记、副站长、工程师 业务岗： 计量岗 输气岗 维修大班岗	1 人 2 人 2～3 人 2 人	
（2）小型集气站	小型集气站岗位编制 4～5 人	班长 值班岗	1 人 3～4 人	
（3）化验组	化验组岗位编制 2～3 人 应根据采气作业区定员	班长 化验工	1 人 2 人	
（4）LNG 站	LNG 站 14～16 人 装车员若干，按 3 班倒计算	管理岗：站长、副站长兼主任工程师 业务岗： 安全检测 仪表计量 增压站机组值班 巡视员 装车员若干，按 3 班倒计算	1 人 1 人 3 人 3～5 人 3 人 若干	

续表

部　门	职　能	工作岗位	定员人数	备　注
（5）CNG 站	CNG 站，14～16 人 装车员若干，按 3 班倒计算	管理岗：站长、副站长兼主任工程师 业务岗： 安全检测 仪表计量 增压站机组值班 巡视员 装车员若干，按 3 班倒计算	1 人 1 人 3 人 3～5 人 3 人 若干	

6. 产能建设项目部

编制定员 20～30 人。

具体工作岗位如下所示。

（1）项目部管理岗：经理 1 名，副经理 1～3 人，主任工程师和主任地质师各 1 名。

（2）项目部业务岗：地质岗（含录井）、钻井岗（含测井）、试气压裂岗（含射孔）、地面工程岗、财务资产岗、物资管理岗、综合岗、值班岗。项目部业务岗根据实际需要定员，且部分岗位可以从油气勘探公司或其他相关部门聘任。

7. 采气厂组织机构设计图

采气厂组织机构设计图，略。

2. 岗位设置的“标配”

组织机构设计的重要工作之一就是在对部门定位、确定职能的基础之上，设计各个部门的岗位。每个岗位通过执行一个个的流程，来完成具体的工作或任务。

岗位设置既要考虑流程的效率，又要相互制约，以控制流程风险，同时还要兼顾流程的成本，即效率、风险和成本综合权衡后的选择。流程中的职责分离是内控中非常重要的问题，主要是从风险控制的角度来考虑问题的。

岗位工作应当尽量做到标准化和模块化。当业务相同但是业务量不同时，设置的岗位是相同的，但是岗位的人员编制数量不一样。岗位设置应当尽可能少些，以减少流程的交接过程、提高流程的效率。

通常通过岗位说明书（见表 3-4）来明确岗位职责和权限等。

岗位说明书又叫职位说明书，它明确了企业期望员工做什么、规定员工应该做什么和在什么样的情况下履行职责。做什么即工作内容来自流程，可根据公司的流程体系将流程分解落实到部门，再分解到岗位。岗位的工作内容是该岗位涉及的多个流程活动内容的集合。这样设计岗位的好处是能够将企业所有流程分解到部门和岗位，全面、系统而且不会有遗漏。

为了使岗位设置标准化，需要明确其内容。通常在编制岗位说明书时需要设计一个标准化的模板。

表 3-4　岗位说明书（范例）

<table>
<tr><td>岗位名称</td><td>人力资源部经理</td><td>职位代码</td><td></td><td>所属部门</td><td>人力资源部</td></tr>
<tr><td>职　　系</td><td></td><td>职等职级</td><td></td><td>直属上级</td><td>主管领导</td></tr>
<tr><td>薪金标准</td><td></td><td>填写日期</td><td></td><td>核 准 人</td><td></td></tr>
<tr><td colspan="6">岗位概要
协助主管领导对公司的人力资源管理工作进行协调、指导、监督和管理，保证公司人力资源和公司发展对人才的需求，为公司年度经营业务和管理的有序提供人力资源的保障和支持</td></tr>
</table>

续表

工作内容
• 定期组织收集有关人事、招聘、培训、考核、薪酬等方面的信息，为公司人事决策提供信息支持 • 根据年度工作计划组织制订本部门年度、月度工作目标、工作计划，监督指导工作计划的落实 • 负责公司人力资源方面规章制度的组织制定与修改：a．根据公司的情况，组织制定人力资源管理制度，包括招聘制度、培训制度、薪酬考核制度、人事档案管理制度等规章制度、实施细则和工作程序，并组织实施；b．负责工作分析、岗位说明书与定岗定编工作 • 负责招聘管理与组织实施工作：a．组织人员招聘工作，通过多种渠道为公司寻求合适的人才；b．组织开发人才面试测评表格与工具 • 负责培训管理工作：a．组织调查员工培训需求；b．组织制订公司培训计划，组织人员参加培训；c．负责对培训效果进行评估，并提出培训后的改进建议 • 负责公司的薪酬福利工作：a．编制公司月度薪资，审核公司员工每月的薪酬；b．提出试用期薪酬建议；c．人员调动；d．员工保险 • 负责组织、实施岗位技能及公司职称评定工作 • 负责监督审核本部门费用预算及控制管理：a．人事费用预算的拟定；b．费用预算的合理控制 • 负责制定和完善本部门各项工作流程，并负责本部门工作流程的运行指导 • 负责公司劳动关系的协调处理：a．负责建立公司内部畅通的沟通、申诉渠道，及时了解员工意见和想法；b．积极听取和采纳员工的合理化建议，并反馈给相关部门；c．运用劳动法规，妥善解决劳动争议问题，避免引起劳动纠纷 • 部门人员与工作的有效管理与培养提升：a．负责将部门工作计划分解到个人，并监督计划工作完成情况；b．对部门员工定期或不定期组织专业知识的学习并在日常工作中给予帮助与指导，快速提升业务素质与职业素养，并评价、考核下属员工工作完成状况 • 公司组织机构的维护 • 参与公司的目标考核工作 • 其他工作：a．负责公司人力资源信息的上传下达工作；b．代表公司与政府及其他单位对口部门沟通、协调 • 完成公司领导交代的临时工作
任职资格 教育背景 • 人力资源管理、企业管理及相关专业大学本科及以上学历 培训经历 • 受过国家的劳动法、劳动合同法等相关法律法规的培训 • 人力资源等相关培训

续表

<table>
<tr><td colspan="2">经　　验
●5年人力资源管理经验
技能技巧
●有较强的语言及文字表达能力
●具有较强的判断能力与决策能力
●有较强的计划与执行能力
●接受过人力资源知识的专业培训
态　　度
●对人员及组织变化敏感，具有很强的沟通、协调和推进能力
●具有高度的敬业精神及高涨的工作激情，能接受高强度的工作，工作态度积极乐观
●善于与各类性格的人交往，待人公平</td></tr>
<tr><td colspan="2">工作条件
工作场所：办公室
环境状况：舒适
危 险 性：基本无危险，无职业病危险</td></tr>
<tr><td>直接下属：
晋升方向：</td><td>间接下属：
轮转岗位：</td></tr>
</table>

建立标准化的岗位，需要有规范、统一的岗位名称，更重要的是对岗位的工作内容的设计和界定。

通过岗位说明书对岗位的工作内容做了全面而详尽的描述，根据岗位所涉及的流程（工作内容）明确了岗位的定位和具体工作，也为以后准确地定位该岗位在组织中的相对价值及岗位评估、考核和招聘打下了基础，同时也为企业的战略和经营目标落实到部门乃至具体的岗位提供了明确的标准。

第 4 章阅读导引

本章介绍了如何分析和掌握企业信息化需求，以及信息化规划的思路和方法。

为什么有的企业信息化投入了大量的资源却没有收到良好的效果（见 4.1 节）？缺少信息化规划或者规划不到位是一个重要原因。信息化规划需要从宏观到微观进行全面系统的思考和分析，以战略为指引规划和设计业务及流程，分析如何利用信息化手段来管理业务及流程，提升企业整体运营效率，最终通过流程实现战略落地（见 4.2 节）。信息化建设应当以流程为前提和核心，信息化规划的核心是流程规划（见 4.3 节）。最后，介绍了如何进行信息化需求分析（见 4.4 节）。

第 4 章

信息化的再思考

4.1 信息化的乱象

案例 20：

我们上了很多系统，感觉没有发挥太大的作用

KK 集团是一家几千人的制造企业，企业信息化也走在行业的前列。多年来，公司各部门和下属各单位已经分别实施了多个信息系统，但是它们好像并没有像当初想象的那样发挥作用。而且，这些系统之间的数据有交叉和重复现象。有的系统已经不太使用，就像某位领导说的："我们上了很多信息系统，感觉没有发挥太大的作用！有的系统已经不在里面'跑业务'了！基本上成了基础数据查询系统了！查一查在生产中常用的材料和设备的备品（备件）的规格、型号。"

像案例 20 中 KK 集团这样的企业不在少数。不少公司各部门和各单位各自为政，独自实施信息系统，没有做信息化的总体规划，甚至开发的系统有的不好用，造成信息化的投入很多，收效却不大，使信息化成了"黑洞"。因此，企业实施信息系统前一定要做总体信息化规划，尤其是对于产品和业务复杂的企业，总体规划一下需要实施哪些信息系统，利用信息系统能够解决哪些问题？这些系统之间有什么关系？信息系统一定要满足业务的需要，满足管理的需要。

企业信息化是一个从无到有、不断累积、不断完善的过程。企业信息化建设应当考虑企业管理基础、员工素质和资金投入情况，避免受一些新概念的诱惑而贪大求全，避免超越自身能力盲目追求产品的超前、高端和完美。

现在有的企业在做信息化的时候，出现了很多不太正常的情况。有的企业为了信息化而信息化，看到同行用上了一些信息系统，为了赶时髦，自己也用这些系统，

认为别人有的，自己必须有，别人没有的自己也要有，生怕自己在信息化方面落后于人，脸上无光。有的企业信息化不切实际，一味追求高大上，要求用“最好的”软件，完全没有考虑企业自身的实际情况、管理基础、业务流程存在的问题及人员的素质，结果应用效果不好，造成信息化资源的浪费。有的企业各个部门各自为政，产生“信息孤岛”，使得信息无法共享，造成统计的数据和口径不一致。有的企业对信息化投入不足，在采购软件和服务时对 IT 公司一再压价，因为费用低使 IT 公司减少了资源的投入，结果实施不到位、采用的信息系统使用情况不理想。管理软件是“三分软件，七分实施”，项目实施的好坏关键在于实施顾问的能力和水平，定制开发的软件尤其如此。有的企业没有建立合理、有效的信息化组织，要么把信息化当作信息中心的事情，要么把信息化当作业务部门的事情，人员参与不足，而且缺乏总体协调和规划，使得信息化推动困难。有的企业的领导认为上了信息化就能够解决企业的很多问题，而忽视了基础管理，结果事与愿违。总之，缺乏总体协调和规划，会造成信息化实施效果不理想，大量的信息化投资不能取得很好的回报。

企业有很多业务，对这些业务的管理需要大量信息系统作为支撑，而且随着企业的发展，企业的管理模式、产品和业务流程都会发生改变，为了减少信息化投资的盲目性，需要对企业的信息化做一个全面的、面向未来的规划。信息化规划是指在企业发展战略目标的指导下，在企业发展战略目标与业务规划的基础上，诊断、分析、评估企业管理和 IT 现状，优化企业业务流程，结合所属行业信息化方面的实践经验和对最新信息技术发展趋势的掌握，提出企业信息化建设的远景、目标和战略。

信息化建设要遵循管理提升与 IT 建设并重的原则，尤其要关注业务流程的优化。信息化建设将使企业内外部的整合加速，从而促进企业组织结构的优化，并最终推动企业流程的优化。信息化规划要综合考虑企业的人、技术和管理的作用，综合运用现代管理技术、信息技术，从而实现企业经营全过程中的信息流、物流、资金流的有机集成和优化运行，提高企业的应变能力和综合竞争能力。

信息化规划需要考虑多种因素，重点需要关注以下这些内容。

第一，企业有哪些业务流程，哪些是关键的业务流程，哪些流程需要信息系统做支撑。

第二，信息化如何支撑管理决策。在日常管理中，大部分的决策主要依赖管理人员的个人经验及判断。如果信息无法及时获得，信息的准确性和一致性无法保证，这时就需要考虑用信息系统做支撑。

第三，在公司的资金、人力、时间等有限的情况下，如何满足各个部门对信息化的需求。这就需要做总体规划，并确定信息系统的优先级。

第四，如何保证数据信息的一致性。企业可能有很多的信息系统，数据信息在多个系统内并存，可能会重复输入系统内，甚至可能产生混乱，这时就需要考虑如何才能保证数据信息的一致性。

第五，在有限的投资下，信息化建设怎么做才能确保获得较好的回报。

第六，如何通过信息化提高工作效率。例如，人工处理的工作可以由信息系统来进行，以提高工作效率，减少重复的数据录入，降低差错率。

4.2　从规划到落地的思考

信息化规划应当以战略为指引，围绕企业发展战略和战略的关键目标来制订企业的信息化规划。第一，要理解为实现这些企业的关键目标其核心的业务流程有哪些，以业务流程为核心综合分析企业如何达到这些目标。第二，通过信息系统支撑业务流程，进而实现关键的企业目标，重点在于对信息系统远景、组成架构、各部分逻辑关系的规划，对系统的未来远景进行描述：系统应当建成什么样、实现哪些功能、有哪些功能模块，各个功能模块之间的逻辑关系怎样。第三，规划支撑这些系统的硬件、软件、支撑技术等，重点围绕技术展开。第四，在以上规划基础上，为开展具体的信息化建设项目必须进行的数据需求分析、信息标准建立、信息资源整合工作，重点是 IT 规划的实施过程。

从应用角度来看，信息化建设可以分为四个阶段：规划阶段、设计阶段、实现阶段、运维阶段，它们分别对应流程的流程规划，流程梳理、设计和优化，流程 IT 固化，流程运行，信息化与流程一体化整合模型如图 4-1 所示。信息化建设必须统筹兼顾，将近期与远期、基础与应用、现实与扩展、局部与全局综合考虑，既能满足企业目前的需要，又能保证企业未来一定时期发展的需要；既能实现企业急迫的应用需求，又能为未来信息化发展、扩展打好基础；既能满足企业部门与地域范围内的应用，又能实现各部门与地域之间的沟通、交融与发展；既能注意继承前期信息化建设成果，又能体现当前信息化建设的特点，力求保证未来投资与已有投资的高效整合。

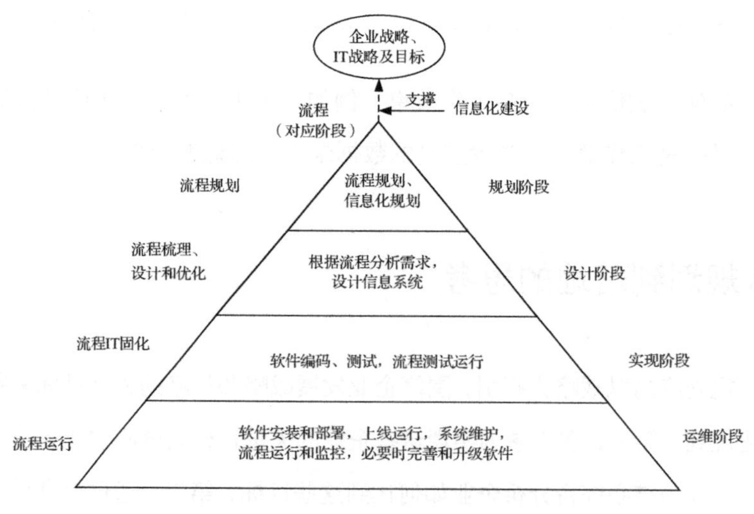

图 4-1 信息化与流程一体化整合模型

1. 规划阶段

规划阶段的主要工作内容包括对企业战略的理解、IT 战略制定和信息化规划方案编制。

（1）对企业战略的理解。主要理解企业的发展战略和主要目标、主要指标，未来几年企业的发展方向，细分的客户和市场在哪里，提供什么样的产品，企业创造价值的整个过程，以及为达到这些目标企业的关键业务流程有哪些等内容。

（2）IT 战略制定。所有的规划，都应该围绕企业战略和关键目标，为企业目标服务。IT 战略关注的是如何通过信息系统支撑业务过程，进而实现关键的企业目标，重点在于对信息系统远景、组成架构、各部分逻辑关系的规划。在此基础上，规划支撑这些系统的硬件、软件、技术等，重点围绕技术展开。

（3）信息化规划方案编制。这里所说的信息化规划通常包括以下主要内容：信息化支撑环境建设规划，信息安全系统建设规划，信息系统建设规划，数据中心建设规划，信息化建设规划实施。

信息化支撑环境建设规划。它是对公司的未来网络的规划，主要是公司局域网、广域网建设规划。

信息安全系统建设规划。信息安全是指保护信息系统的硬件、软件及相关数据，使之不因为偶然或者恶意侵犯而遭受破坏、更改及泄露，保证信息系统能够连续、可靠、正常地运行。通过对现阶段信息风险分析（分析来自外部和内部的安全威胁），建立信息安全管理体系，制定安全制度和防范措施，保证信息的安全。

信息系统建设规划。其内容包括选择应用系统采用的技术、规划系统架构、针对具体的业务流程规划应用系统，如销售管理系统、采购管理系统、生产调度系统、安全生产管理系统、财务管理系统、成本管理系统、人力资源管理系统、办公自动化系统、门户网站等。它是信息化规划的关键和重点，必须在流程规划后进行，也就是说应当先规划流程，设计流程的整体架构，确定各部分之间的关系，确定关键业务流程，然后再规划如何用信息化来支撑整个流程体系及其运转。在信息系统建设规划中，应当考虑如何对各个系统进行集成，以及信息集成的功能和要求。制定各个系统的集成方案和集成信息的展现形式，如柱状图、折线图、饼图、表格、图表结合方式、仪表盘方式、多维分析模型、横轴和纵轴的转换、深度钻取分析、数据过滤、数据排序和自助分析、多种图形展示等。信息系统建设规划可以为管理者提供辅助决策支持系统的功能，如分析关键指标、数据来源等。

数据中心建设规划。其内容包括如何设计数据中心，主机的选型和存储备份系统设计，数据中心主机监控系统规划，数据中心机房建设规划，运行与系统维护规划，视频会议系统规划。

信息化建设规划实施。其内容包括实施阶段划分，各期工程进度安排，信息化建设投资估算，设备及系统软件清单。

2. 设计阶段

设计阶段的主要工作内容包括对规划阶段信息化规划中的内容做出详细和具体的设计。在流程梳理、优化和设计之后开展此项工作，可以保证流程是经过优化或设计过的，保证流程是正确的。只有保证了是在“正确”做事的前提下，信息系统设计才有意义，系统才能发挥应有的作用，否则就像走错了路，在错误的道路上跑得再快也达不到目标。

（1）软件需求分析和信息系统设计。针对需要开发的应用系统做软件需求调研和软件需求分析，设计各个功能模块，满足对业务流程的管理和监控需求，为管理者提供决策的信息，编写软件需求规格说明书，经过需求评审后作为软件开发的依据。技术层面关注的是系统架构设计、概要设计、详细设计、数据库设计、工作流设计、界面设计、系统接口设计、输入/输出设计、表单设计等。

（2）信息化支撑环境设计。对公司的网络进行设计，如局域网、广域网，主要是计算机硬件选型，网络及系统集成设计等。

（3）信息安全系统设计。建立信息安全管理体系，制定安全制度和防范措施，对信息安全硬件和监控软件的选择等。

（4）数据中心建设设计。对数据中心主机的选型和存储备份系统的设计，数据中心主机监控系统选择或设计，数据中心机房建设方案，运行与系统维护规划制定，视频会议系统设计等。

3. 实现阶段

实现阶段的主要工作内容包括系统编码和系统测试，就是“制造”出软件，将流程固化在系统里。

（1）系统编码。按照设计文档编写程序，“制造”出软件产品。

（2）系统测试。类似于工厂里对生产制造的产品进行检验和测试。通过测试检查软件是否有漏洞，并进行修改，经过测试合格后的软件方可安装、部署和实施。

4. 运维阶段

运维阶段的主要工作内容包括软件（应用系统）安装和部署、上线试运行、正式运行、系统升级或完善等。这个阶段检查系统是否能够满足管理的需要，必要时应当对系统进行完善或升级。

（1）软件安装和部署。主要工作包括软件安装、部署，管理员培训，最终用户培训，基础数据准备并导入或人工输入系统等。

（2）上线试运行。上线试运行期间，保持人工和系统同步运行一段时间，发现问题及时修改和完善。

（3）正式运行。在正式运行时，系统不需要再进行人工处理。

（4）应用系统升级或完善。随着企业的发展，生产经营模式、产品和业务流程等发生变化，此时系统已经不能满足管理的需要，应根据需要将应用系统进行升级。

4.3 以流程为核心

案例 21：
我们觉得应当先对业务流程进行规划和设计

MM 公司是国内某知名的合资汽车公司，在国内有良好的口碑，近年来公司销售收入和利润持续增长。目前，全国各地已经有几百家 4S 店销售其汽车产品。

公司已经上线使用了包括 ERP 在内的很多信息系统。然而，让 IT 部门感到头痛的是自从使用了系统，业务部门和管理人员感到系统没有满足他们的需求，总有不合适的地方，仍然在不停地提需求，频繁地要求修改软件、升级软件。为此，公司请来了某知名 IT 厂商的信息化专家 K 先生为他们出谋划策。

在双方沟通的会议上，K 先生问："目前系统使用中存在的问题主要有哪些？"

公司 IT 部门的孙经理说："主要是分销管理系统（Distribution Management System，DMS）满足不了业务部门的需求，高管对 DMS 很重视，因为 DMS 能够管理到用户终端，直接获取用户的需求和订单，并能够给用户提供良好的售后服务。现在我们公司在不断发展，规模在不断扩大，未来的几年内 4S 店数量计划还要增加不少。公司高管希望通过 DMS 能够很好地管理终端用户，可是业务部门反映现在的 DMS 不能满足需要。”

K 先生问：“为什么会造成这种情况？”

孙经理说：“业务部门对我们总是不满意，总是不停地提修改需求。因为我们也不可能熟悉所有的业务和业务流程，所以我们又不得不让 IT 公司修改软件。但是，我们认为这种情况很不正常。”

K 先生问：“你觉得有什么好的改进建议和思路吗？”

孙经理说：“我们总感觉好像当初没有全盘考虑，设计信息系统时考虑不够全面、不够系统。我们也没有好的方法，不知道怎么设计信息系统好些。往往是 IT 公司的人给我们提供信息系统设计方案。但是，感觉他们对我们的业务没有吃透。所以，在使用的过程中发现哪里不合适了，再修改哪里。”他停顿了一下接着又说：“我们觉得应当先对业务流程进行规划和设计。首先应该全面、系统地梳理业务和流程，然后再对流程进行优化，弄清楚信息化该管什么，不该管什么，最后再对公司的信息化进行总体规划，在这个基础之上再开发应用系统。”

案例 21 中 MM 公司出现的问题应当说是一种普遍现象。由于前期对业务流程了解不深、吃得不透，加上缺少对未来信息化的总体规划，使得软件满足不了业务部门的需要。于是，就出现了不停修改软件的情况。这也说明前期的总体规划，以及对业务流程做全面、深入的了解是非常重要的。但是，这项工作不能由 IT 技术人员独自来完成，而应当由懂业务的专家主导，IT 技术人员辅助一起完成。

信息化就是借助信息技术的手段帮助企业解决管理中的难点和问题。应用是信息化的关键，为企业解决业务流程的管理和监控是信息化应用的出发点，也是最终目标。

在进行信息化总体规划时，首先要分析企业有哪些流程，哪些流程需要信息化或可能实现信息化。对流程进行规划是信息化规划的核心。

企业在进行信息化总体规划时，必须对自身的业务和流程有一个全面的了解，可以从外部产业链到企业内部价值链对流程进行分析（参见 2.4 节的内容），识别关键业务流程及关键控制点。

通过产业链分析，从宏观上了解企业在市场中的地位，考虑企业对外关键业务流程，以及对信息化的需求。通过信息化规划和信息系统的设计及应用确保整个产业链中的流程更有效率。产业链中的主要业务流程如下。

- 上游供应源。企业需要选择供应商并对供应商进行评估，所以会有选择和评估供应商流程；需要在采购环节进行招标并签订采购合同，所以会有招标和合同管理流程；然后是具体的采购实施过程，会有采购计划、采购原料、采购辅料、采购其他物料、采购设备等流程。
- 下游客户包括各级经销商。通过一级或多级销售网络将产品或服务提供给客户，可能有以下流程：经销商的选择和评估，产品定价，渠道建立和维护，促销，广告等。
- 在与政府、协会、股东、社区、媒体等交往过程中，也有很多流程，而且这些流程往往又是非常重要的，如需要给政府部门抄送哪些报表，与媒体怎样进行良好的沟通以便获得理解和支持等。

通过对产业链进行这种全景的分析，可以了解到企业对外有哪些重要流程，涉及哪些信息流、资金流和物流，进而规划需要哪些信息系统，信息系统需要提供哪些支撑。

需要分析企业内部的运营，即需要分析企业内部价值链，识别企业价值创造的整个过程，包括核心运营流程和管理与支持流程，设计完整的公司级流程清单。掌握企业有哪些流程，哪些流程需要信息化或可能实现信息化。通过对标行业标杆和最佳实践，从中系统地识别和确定关键业务流程及其关联关系。为了对流程进行监控和管理，企业应明确需要什么样的信息系统，信息流的流向，需要提取哪些数据，这些数据来源于哪些表单，为信息化规划和后续信息系统项目实施打好基础。这也是信息化工作的核心和基础工作。

为了避免业务流程冗余，或者存在管理上的盲区或漏洞，在完成外部产业链到企业内部价值链的业务流程分析后，需要全面梳理流程、细化流程，设计绩效指标，了解流程的输入和输出有哪些，需要的数据如何获取，通过哪些现有的系统获取。系统能否满足需要，如果不能满足需要那么系统是否需要升级，还是需要重新开发新系统。

企业在做信息化规划时应当考虑流程中数据信息的传递，以及如何获取和使用这些数据信息。图 4-2 所示为某汽车企业的汽车生产流程，可以通过流程分析数据信息如何传递和如何获取。

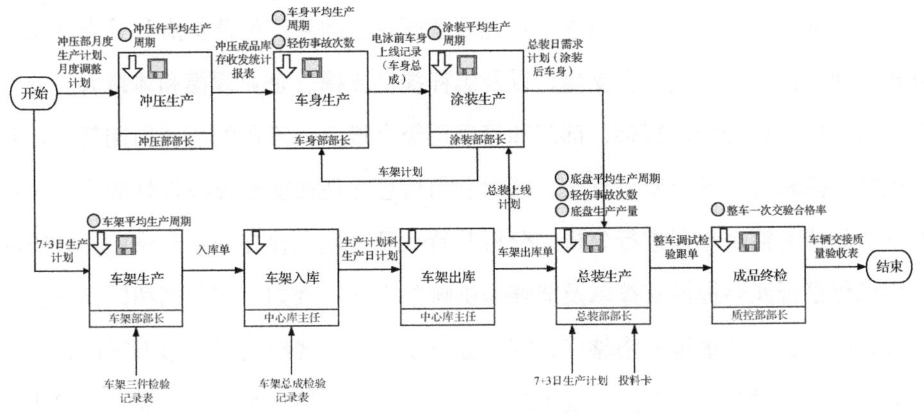

图 4-2　某汽车企业的汽车生产流程

图 4-2 中每一个节点之前、连线上的文字部分是该活动的输入，节点之后、连线上的文字部分是该活动的输出，设计信息系统时必须考虑伴随物流发生的信息流，这些输入和输出的各种表单中的数据信息需要在信息系统中反映出来（数据项）。节点上的圆圈及旁边的文字部分是流程在该节点的流程绩效指标名称，应当考虑这些指标所需要的数据信息从哪些表单中获取，以及如何使用。

4.4 企业的需求是什么

在 2.4 节中，从企业外部产业链到企业内部价值链对流程进行了分析，通过这种全景分析，可以系统地了解企业的业务流程，了解企业有哪些重要流程，涉及哪些信息流、资金流和物流。信息化需求分析要更进一步详细了解企业的业务流程及其特点，它将为后续的信息化规划招标及信息化总体方案设计奠定基础。

每个行业都有各自的业务特点和管理模式，对信息化也有特定的需求，在进行信息化规划时应当关注这种需求差异。案例 22 是一家大型制造业集团公司信息化规划需求分析及实施计划。

要了解企业对信息化的需求，首先要了解企业的生产经营特点和管理难点，分析如何用信息化手段提供支撑，以及怎样提供支撑。企业规模和体量大、业务多，组织机构也会变得复杂，部门和管理层级会增多，流程的流转周期就长，对流程的监控和管理就会变得复杂，这时利用信息化往往能够发挥很好的作用。针对价值创造的整个流程进行分析，分析其特点及管理上存在的管理难点，分析利用信息化是否能够提供支撑以及能够提供哪些支撑。例如，在营销和销售方面，一般来说，企业的销售网络越广，客户数量就越多，客户地域分布就越广，订单量就越大，同时管理和监控难度也越大，这就越需要信息系统做支撑。信息化需求分析还要了解企业的产品特点，如产品的复杂程度、种类和规格等。一般情况下，产品越复杂、种类和规格越多，BOM 就越复杂，订单处理、生产计划、采购、物流发货、售后服务等信息量就越大，而且这些信息的关联程度也越高，其生产过程会越复杂，生产过程控制也越复杂，处理的信息量也就越大。在物流方面，物流量大，环节多，处理的信息量和及时性要求就高。在售后服务方面，为了对客户提出的服务给予快速响应，需要信息系统提供及时的信息支持。

根据生产经营特点和管理难点，通常先通过标杆企业的对比，找出差距，然后结合本企业的特点确定本企业信息化规划的主要目标。目标要切合实际，要考虑管理的需要和信息化的投入，切勿好高骛远、脱离实际。

确定了信息化的目标后，需要确定信息化规划的交付成果。交付成果中要对交付的具体内容进行详细的描述和说明，避免产生歧义。交付成果一般包括信息化诊断报告、信息化总体规划报告和信息系统实施规划报告等。信息化诊断报告对信息化现状做出评估，一般需要从现有系统建设及使用情况，现有业务部门信息化需求和当前业界信息化应用发展趋势三个方面对企业信息化现状进行评估，对照标杆企业找出差距和信息化应用的机会，包括系统评估、软硬件评估、系统安全评估、信息组织评估等。信息化总体规划报告主要内容包括信息化基础设施、应用平台架构、网络架构、安全架构等企业未来 3～5 年信息化系统的定位和发展。信息系统实施规划报告需要确定企业未来可选择的信息化战略方向，确定未来企业信息系统项目及优先顺序，分析企业在未来信息化的过程中所必须投入的相关资源，对投资做出估算，包括硬件购置费用、软件购置费用、实施服务费用、实施监理费用、设备改造费用、设计费用、软件开发费用、人力成本及培训费用、不可预见费用等。

此外，还需要对项目实施完成后的预期收益做一个介绍，通过信息化总体规划和实施企业预期可能获得哪些收益？预期收益可以从以下几个方面进行说明，如信息化如何为企业经营战略提供支撑，信息化整体的投资回报估算，理念和方法的改变和收获等。

最后，还需要制订实施计划。实施计划包括项目实施阶段划分、每个阶段的工作目标、主要内容，每个阶段需要的时间等。通过实施计划能够让企业的管理人员对信息化的整个过程有一个大致的了解，同时也便于合理投入资源。

案例 22：
信息化规划需求分析及实施计划（节选）

R 集团是由原大型国企改制而成的股份制企业，其主要生产机械产品，属于大型制造企业。经过几十年的发展，该集团目前在行业内已发展成为国内外知名的企业。其产品的国内市场占有率连续多年保持第一，并在多个国家建立了分公司。集团的战略目标是将集团打造成具有国际竞争力的一流企业，开创企业国际化、多元化、高端化发展新局面。

1. 集团生产经营特点和管理难点

集团生产经营和管理有以下特点和难点。

- 销售网络和客户分布在全国各地甚至海外，地域分布广，管理和监控难。
- 产品种类和规格多，集团现有 100 多种规格型号的产品，而且组成产品的零部件数量多、种类多，在制品数量大。
- 规模和体量大，生产计划和生产准备工作量大，且及时性、准确性要求高。
- 生产设备种类多，包括各种通用类设备及数控机床、加工中心、精密计量仪器等多种专用设备，设备运行和维护工作量大，信息处理量大。
- 生产过程复杂，工艺复杂，工艺路线长，生产周期长。

- 质量监测点多、检测项目多、难度大。
- 物流量大，分销和运输环节信息量大。
- 随着产品复杂程度的提高，需要专业的技术服务队伍，技术服务要求越来越高。
- 因为产品种类和规格多，使得零部件数量多，零部件假冒伪劣现象严重，售后追溯难。
- 服务人员响应快。由于市场竞争激烈，需要服务人员能够快速响应，这样对客户的信息和服务需求需要及时获取和更新。

作为一家传统制造企业，集团已经实施了十余个信息系统，提升了集团信息化管理水平。通过多个信息系统的实施上线，已基本实现了企业经营的信息化管理。但是，对关键业务没有完全覆盖，公司高层希望通过未来的信息化规划和信息系统的实施能够涵盖主要业务领域，使以上大部分问题能够得到解决。

说明：

通过对集团生产经营特点和管理难点进行分析，可以找到企业的痛点，进而思考如何通过信息化来解决问题，并考虑软件需要具备哪些功能。

2．集团信息化规划的主要目标

为了支撑集团的发展战略，集团提出了信息化规划的主要目标。

- 信息化现状评估。通过对集团及下属各级单位现有各类信息系统的应用架构、技术架构、IT 组织与流程进行全面调研，对集团信息化现状进行评估。
- 信息化总体规划。结合集团未来发展战略，参考行业标杆和最佳实践案例，规划未来五年集团信息化发展蓝图、应用架构、技术架构与实施规划等。
- 信息化整体水平的提升。通过信息化规划的设计与执行，提升集团信息化整体水平，并对主要业务流程起到很好的支撑作用。

说明：

信息化规划目标明确了未来信息化将要达到何种程度，能够为企业业务和管理提供何种支撑，给管理带来哪些便利。

3. 集团信息化规划交付成果

集团信息化规划交付成果如下。

- 《集团信息化诊断分析报告》。
- 《集团流程框架》。
- 《集团关键业务流程清单》。
- 《集团信息化总体规划报告》。
- 《集团信息系统实施规划报告》。

说明：

集团信息化规划交付成果可以有很多，根据信息化规划的目的和要求的不同可能会有所不同。

对集团信息化做出诊断分析是必要的，所以交付物《集团信息化诊断分析报告》是必不可少的，该报告首先通过对集团发展战略的理解及对管控模式的分析，梳理、明晰集团总体战略、战略目标及战略分解和落地实施路径。分析、评估集团管理模式，作为信息化规划工作的基础。对集团业务流程和管理现状进行分析，梳理、明晰集团业务流程，为信息化总体规划打好基础。对集团信息化现状做出评估，从现有系统建设和使用情况、现有业务部门信息化需求和当前业界信息化应用发展趋势三个方面对集团信息化现状进行评估，对照标杆企业找出差距和信息化应用的机会，包括系统评估、软硬件评估、系统安全评估、信息组织评估等。

交付物《集团流程框架》对集团及下属单位的业务流程做全面系统地梳理和分析，通过对标行业标杆，建立流程框架，确保业务的完整性，避免业务管理的盲点。交付物《集团关键业务流程清单》通过全面系统地梳理流程和识别关键业务流程，为信息化总体规划打好基础。因为信息化是为了解决流程的监控和管理问题，所以监管哪些流程、如何监管、软件需要实现哪些功能，这些是信息化的重点和核心。

交付物《集团信息化总体规划报告》制定信息化战略和信息化总体规划。根据信息化机会分析、结合信息化发展趋势、结合标杆企业信息化应用确定信息化建设方向和推进策略，设计信息化长远蓝图。报告主要内容包括信息化基础设施、应用平台架构、网络架构、安全架构等集团未来 5 年信息化系统的定位和发展。根据集团业务流程和信息化系统的建设特点，结合信息化发展的整体思路，构建集团信息系统体系架构。按照可用性、复用性、成长性、可维护性、可接受性等原则，根据集团信息化建设现状，结合目前业界的应用技术和应用软件的发展趋势，编制信息化技术架构规划。对集团（含下属公司）的网络、数据中心、机房、信息安全、系统和网络管理等方面进行综合规划，对集团的应用集成技术进行规划，结合企业目前的系统应用情况，整合或调整现有系统，使信息化与智能制造结合，制定各个系统集成规范与实现方法，有效避免“信息孤岛”与信息规范不统一的问题。信息安全规划，是根据信息系统安全要求，规划安全机制，包括病毒防治、备份容灾、入侵检测等内容。

交付物《集团信息系统实施规划报告》确定集团未来可选择的信息化战略方向，确定未来集团信息系统项目及优先顺序。分析集团在未来信息化的过程中所必须投入的相关资源，信息化建设应尽可能利用现有设备，争取在满足系统解决方案的前提下成本最低，达到最高的性能价格比。此外，还需要对投资做出估算，主要内容如下所述。硬件购置费用，包括计算机硬件设备、网络设备购置费用；软件购置费用，包括系统软件、应用软件、数据库软件的购置费用及软件供应商的许可证费用；

实施服务费用，包括在系统安装、测试、修改、培训、上线运行过程中产生的费用，具体包括项目管理人员、系统分析人员、实施顾问的实施费用、差旅费等费用；实施监理费用是聘请外部信息化监理专家的费用；其他费用，包括设备改造费用、设计费用、软件开发费用、人力成本及培训费用、不可预见费用等。

4. 项目实施完成后的预期收益

通过信息化总体规划和实施，预期可能达到的收益如下。

- 掌握根据公司发展战略对信息化进行规划的方法。
- 确保公司信息技术的投资支持公司的业务流程优化，实现公司的经营战略。
- 确保公司投资的各个信息技术系统的信息架构可以整体集成。
- 避免公司在信息技术项目上的错误投资和重复投资，保证整体的投资回报。
- 确保公司整体的信息架构在经营战略的指导下应对业务流程和组织的变化。
- 对信息系统的能力和对集团战略和业务的影响提供真知灼见。
- 建立可供实施的信息系统架构。
- 掌握流程体系设计和全面系统梳理流程的方法和步骤。
- 掌握识别关键业务流程的方法。
- 避免信息化建设部门/单位各自为政，各自实施信息系统形成“信息孤岛”的现象。

说明：

这部分介绍了项目实施完成后给企业带来的收益，收益往往是多方面的。它也为软件实现何种功能指明了方向。

5. 信息化规划实施计划

集团整个信息化规划项目共分为以下三个阶段。

第一阶段：信息化现状评估，大约需要××个工作日。

第二阶段：信息化总体规划，大约需要××个工作日。

第三阶段：规划评审，大约需要××个工作日。

R 集团信息化规划实施计划各个阶段的工作目标和主要内容如表 4-1 所示。

表 4-1 R 集团信息化规划实施计划

阶段	工作目标	主要内容
项目准备阶段	签订合同	准备合同
		签订合同
	准备项目实施相关文档和计划	编制项目计划
		编写调研问卷（草稿）
		完成调研问卷
		项目组内部沟通实施方法
第一阶段：信息化现状评估	项目启动	项目启动会
	调研、访谈	现场调研
		设计访谈提纲
		访谈集团领导
		访谈集团各部门和下属各单位
	资料收集	收集相关资料
	调研客户和供应商	访谈客户和供应商
		现场考察客户和供应商
	编制《集团信息化诊断分析报告》（初稿）	调研行业信息化发展趋势
		编制报告
		报告初稿讨论
		补充调研（根据需要决定）
		完成报告（初稿）
		报告初稿评审
	诊断分析报告汇报	汇报

续表

<table>
<tr><th>阶　段</th><th>工作目标</th><th>主要内容</th></tr>
<tr><td rowspan="12">第二阶段：
信息化总体规划</td><td rowspan="5">设计《集团流程框架》
编制《集团关键业务流程清单》
编制《集团信息化总体规划报告》（初稿）</td><td>全面系统梳理流程，设计集团流程框架</td></tr>
<tr><td>识别关键业务流程</td></tr>
<tr><td>编制《集团信息化总体规划报告》（初稿）</td></tr>
<tr><td>初稿讨论</td></tr>
<tr><td>初稿评审</td></tr>
<tr><td rowspan="3">编制子规划初稿</td><td>编制信息组织规划</td></tr>
<tr><td>编制信息技术架构规划</td></tr>
<tr><td>编制信息安全规划</td></tr>
<tr><td>编制《集团信息系统实施规划报告》（初稿）</td><td>编制《集团信息系统实施规划报告》（初稿）</td></tr>
<tr><td rowspan="2">评审初稿</td><td>初稿讨论</td></tr>
<tr><td>初稿评审</td></tr>
<tr><td rowspan="4">第三阶段：
规划评审</td><td>规划修改</td><td>根据中期评审进行修改</td></tr>
<tr><td>专家评审</td><td>专家评审会</td></tr>
<tr><td>规划完善</td><td>根据评审会意见进行完善</td></tr>
<tr><td>规划提交</td><td>提交信息化规划最终版本</td></tr>
</table>

说明：

信息化规划实施计划对项目实施的整个过程做出安排，明确了各个阶段的工作目标和主要内容，有了这个计划可以合理安排和调配资源。

第 5 章阅读导引

如何让流程落地执行，这是管理者非常关注的问题，甚至是一个头疼的问题。利用软件的“软性”约束可以让员工按照流程去执行，这是一种好的方法。本章介绍了如何通过深入的需求分析来设计信息系统及确保信息系统成功实施的方法。

首先，用通俗的方式介绍了软件产品“制造”全过程，让非 IT 人员对 IT 产品的开发有一个大概了解，以便能够与 IT 人员很好地沟通和交流，这样才能够开发出满足业务需求、适用的软件产品（见 5.1 节）。然后，介绍了信息系统能否满足业务和管理需要，关键在于需求分析是否做得到位（见 5.2 节）。选择成熟的软件产品还是做定制化开发是企业必须要慎重思考的重要问题（见 5.3 节）。需要吃透业务并将软件功能与业务流程进行匹配，避免不协调的情况发生（见 5.4 节）。最后，介绍了信息系统成功实施的方法（见 5.5 节）。

第 5 章

让流程落地

5.1　探秘软件产品“制造”全过程

大家对制造业中产品的生产制造过程一般都比较熟悉。但是对软件产品“制造”过程非 IT 人员不熟悉，可能会觉得软件开发很神秘。为了使各级管理人员、业务人员与需求分析人员、开发人员、测试人员及其他相关利益人能够很好地沟通和交流，便于对需求的正确描述、理解并顺利地达成共识，现对照“硬件”产品的生产制造把软件产品“制造”的全过程介绍一下，如图 5-1 所示。需要说明的是，它们只是大致相当，并不是绝对的对应关系。

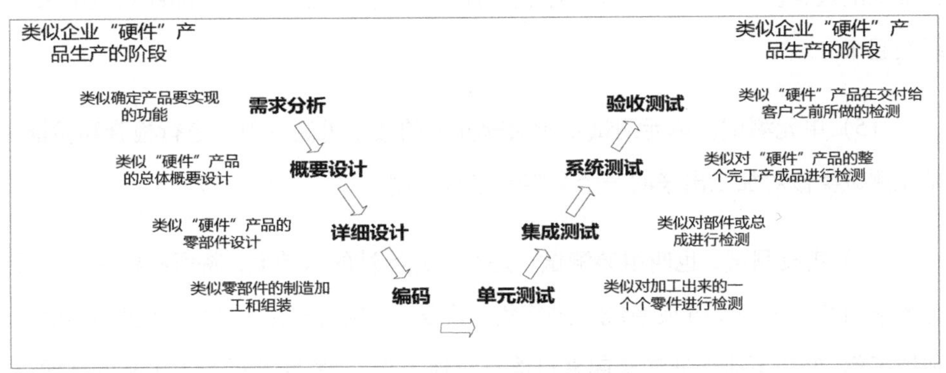

图 5-1　软件产品“制造”全过程

(1) 需求分析。需求分析就是通过与业务人员沟通和交流，了解业务对软件有哪些需求，了解业务管理需要软件提供什么样的功能。需求分析类似确定产品要实现的功能。

(2) 概要设计。概要设计主要阐述系统的目标、建设原则，系统的功能模块及数据库概要设计，概要设计面向设计人员和用户，简单地说，用户也能看得懂，不要求太多细节内容，是对用户需求的技术响应，是两者沟通的桥梁。概要设计类似“硬件”产品的总体概要设计，即产品最终应该是什么样的，要实现哪些功能，总体结构是什么样的，各个部分之间的关联关系怎样。

（3）详细设计。详细设计是在概要设计的基础上对系统的各个模块进一步细化，分析各个模块的子模块，甚至给出各子模块的算法；数据库设计方面则要求具体到每张表的字段。详细设计通常面向开发人员，应该是开发人员看了你的详细设计，就可以直接写代码。详细设计类似“硬件”产品的零部件设计，即设计这些零部件是什么样的，应该具有什么样的性能。

（4）编码。编码就是写代码，编写软件程序，是信息从一种形式转换为另一种形式的过程。编码类似零部件的制造加工和组装，把一个个零部件制造出来，组装起来。

（5）单元测试。单元测试是指对软件中的最小可测试单元进行检查和验证。单元测试类似对加工出来的一个个零件进行检测。

（6）集成测试。也叫组装测试，是在单元测试的基础上，将所有模块按照设计要求组装成为子系统或系统，进行集成测试。实践表明，一些模块虽然能够单独地工作，但并不能保证连接起来也能正常地工作。一些局部反映不出来的问题，在全局上很可能暴露出来。集成测试类似对部件或总成进行检测，看其是否符合设计的要求。

（7）系统测试。系统测试是对整个系统的测试，检验它是否有不符合系统说明书的地方。这种测试可以发现系统分析和设计中的错误。例如，安全测试是测试安全措施是否完善，能不能保证系统不受非法侵入。再例如，压力测试是测试系统在正常数据量及超负荷量（如多个用户同时存取）等情况下是否还能正常地工作。系统测试类似对“硬件”产品的整个完工产成品进行检测，检测把所有的零部件组装在一起是否能正常运行和使用、达到设计的要求。

(8) 验收测试。验收测试是部署软件之前的最后一次测试操作，在软件产品完成了单元测试、集成测试和系统测试之后，产品发布之前所进行的软件测试活动。它是技术测试的最后一个阶段，也称为交付测试。验收测试的目的是确保软件准备就绪，并且可以让最终用户将其用于执行软件的既定功能和任务。验收测试类似“硬件”产品在交付给客户之前所做的检测，一般简单的“硬件”产品没有，对于复杂的“硬件”产品如设备，需要检测合格后再交付给客户。

5.2　吃透业务

需求分析对信息系统有着重大影响，失之毫厘，谬以千里，一点不为过，尤其是客户定制开发的软件。专家研究表明，程序中的故障并不一定是由编码过程引起的，即大多数软件缺陷并非来自编码过程中的错误，从小项目到大项目基本都证明了这一点。大量的事实表明，导致软件缺陷的最大原因是软件产品说明书（软件需求规格说明书）。

需求分析的根本任务是为了确定用户的需求，“系统必须做什么”。需求分析需要确定综合性需求和数据需求。综合性需求包括功能需求、性能需求、运行需求和可扩充性需求等。数据需求包括系统数据交换需求、长期保存的数据需求等。需求分析的阶段产品输出是文档化的软件需求规格说明书。

软件需求分析要注意三点。第一，准确理解和描述客户需要的功能。第二，帮助客户挖掘需求。第三，分析客户需求的可行性。

有几种原因使需求分析变得困难：客户说不清楚需求，客户需求经常变动，需求分析人员与客户沟通和理解有误。在很多情况下，软件产品说明书没有写明确、写清楚或者描述不全面；或者在软件开发过程中对需求、产品功能经常改动；或者开发小组人员之间没有很好地进行沟通与交流，这些是问题的主要原因。

因为经验、知识及对业务和管理的关注点和理解不同，软件开发人员与用户之间会产生沟通障碍。用户所关注的业务，软件开发人员可能无法完全理解和领会，造成对业务需求理解的偏差，使得开发的软件所提供的功能无法满足用户的需求。为此，需要有人能够充当开发人员与用户间的“翻译”。这个翻译起中间桥梁的作用，一方面，要能把用户的管理思想灌输给软件开发人员，把业务需求“翻译”成开发人员能够理解的语言；另一方面，还要能够把开发人员的想法和专业术语“翻译”给用户，帮助用户理解开发人员想法，使双方对需求有一致的理解，并达成共识。这个“翻译”在IT公司通常叫作软件需求分析师，软件需求分析师应当由既懂企业业务又对软件开发有所了解的人担任。软件需求分析师通过对企业各项业务的业务场景的了解，分析业务需求和数据需求，最终形成后续开发软件使用的软件需求规格说明书。

案例23介绍了某集团成本管理系统软件需求分析方法。为了了解清楚该集团和下属各个单位（煤矿）成本管理方面的业务，开展调研，在梳理完业务流程之后，编写业务场景、业务需求分析、数据需求三个文档。软件需求分析过程如图5-2所示。

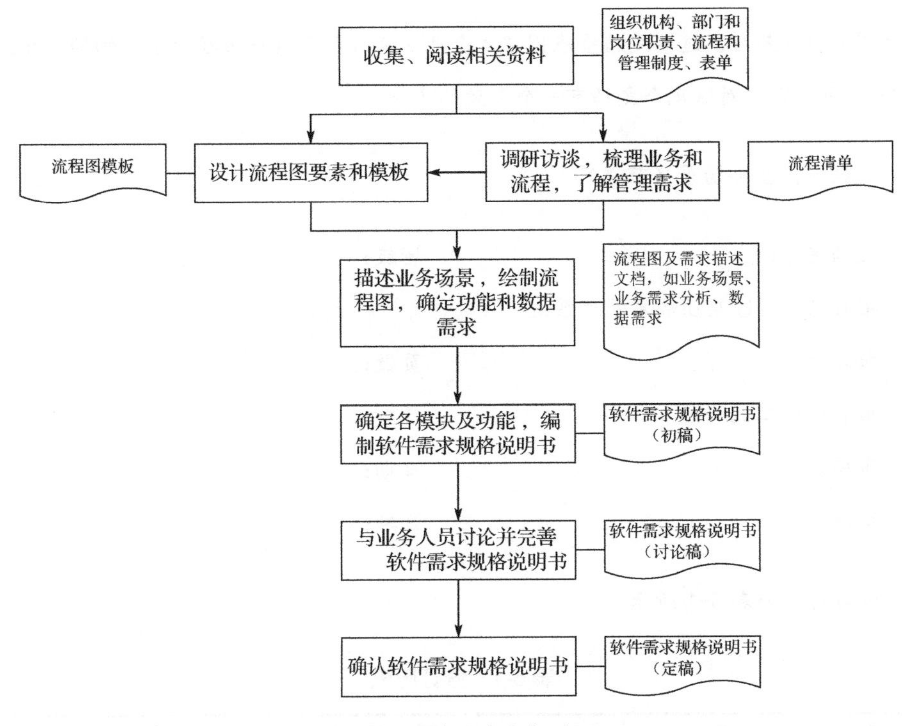

图 5-2　软件需求分析过程

案例 23：
软件需求分析方法和工具

U 集团是某省大型国有企业，职工数万人，属于煤炭采掘行业，下属十个煤矿。该集团实施了多个信息系统，成本管理系统是其中的一个子系统。

对成本管理业务的调研和软件需求分析是软件开发的重要工作之一。为了了解清楚集团和下属各个单位（煤矿）成本管理方面的业务，开展调研，编制了以下几个文档：业务场景、业务需求分析、数据需求。这三个文档相互补充和对应，使得对成本管理方面的业务流程和需要的数据有一个全面系统的了解，并为后续编写软件需求规格说明书打下基础。这些文档重点围绕“企业工资分配”这一流程做了详细的介绍。非IT人员只需要对这几个文档有一个大致的了解。

文档一：业务场景（节选）

文档编号：　　　　　　　　　　　　　　　　密级：

项目名称：U集团成本管理系统

版本号：　　　　　　　　　　　　　　　　　页数：

拟制：成本调研组　　　　　　　　　　　　　日期：

审核：　　　　　　　　　　　　　　　　　　日期：

批准：　　　　　　　　　　　　　　　　　　日期：

修订历史如表5-1所示。

表5-1　修订历史

日　期	版　本	描　述	作　者
20××-12-28	V1.0	根据用户需求整理得到	成本调研组

目录（略）

1　引言

1.1　简介

此文档用来描述成本管理系统中实际的业务场景，按实际业务的流程及各部门的工作范围进行划分。其中包括各主要业务场景的典型业务流程、前提条件、结论和当前问题。此文档属于需求分析的一部分。

1.2　目的

通过描述成本管理系统中的交接部分的主要业务场景，标识成本管理系统的一个使用实例，开始软件的建模过程。

1.3　范围

包括成本管理系统中的各个业务场景描述，主要是各部门业务交接的场景描述。

1.4　术语定义

“内部验收”为核算单位内部的业务往来。

1.5　参考资料

成本管理系统—业务流程

成本管理系统—业务需求分析

成本管理系统—数据需求

2　业务场景

2.1　成本计划管理

（略）

2.2　成本核算及成本控制管理

（略）

2.2.4　企业工资分配的过程

企业工资分配的过程如表5-2所示。

表 5-2　企业工资分配的过程

名　　称	企业工资分配的过程
参 与 者	矿财务科、矿工资科
前 提 条 件	职工出勤情况及计件工作量已统计
典型场景描述	由矿工资科和市场办根据基层单位职工的出勤天数和计件工作量，再依据工资定额及岗位工资标准分别计算出本月工资总额，以市场办计算数与矿工资科计算数小者为本月工资总额，报矿长批准后由矿工资科根据职工考勤及计件工作量确定的本月工资总额，填制职工工资明细表（MBCB-003，这是表单的编号，下同）、工资汇总表（按单位）（MBCB-004）、工资汇总表（按工作面、巷道）（MBCB-013）后报财务科发放工资，同时财务科根据生产费用的归集办法和需要重新制作工资分配表（MBCB-026）、包干工资表（MBCB-041）、原煤生产过程直接成本表（MBCB-036），分清费用的承担者。将生产成本、制造费用、管理费用等费用合理地计入成本中，为账务处理及考核打好基础
结　　果	正确分配本月工资，保证成本真实
当前遇到的问题	矿工资科填制工资分配表（按工作面、巷道）（MBCB-013）有点困难
备　　注	矿工资科计算工资用的软件与财务软件不一致

2.3　成本考核及分析管理

（略）

2.4　定额管理

（略）

说明：

业务场景是按实际业务的流程及各部门的工作范围进行划分的，业务场景描述的是某一个具体的业务过程，是流程的一个片段，通过业务场景可以对这项业务开展的整个过程（流程）有一个详细的了解。

（1）引言部分，介绍了本文档是做什么的，它的界定范围、术语定义和需要的参考资料等。

（2）业务场景部分，描述了成本计划管理、成本核算及成本控制管理、成本考核及分析管理和定额管理。对企业工资分配的过程这一场景做了详细描述。场景要有名称，本例中场景的名称为“企业工资分配过程”；要有参与者（角色）；要写清楚前提条件；要有典型场景的详细描述；要有场景的最终结果；要对当前遇到的问题加以描述；其他说明事项可以在备注中说明。通过描述主要业务场景，标识成本管理系统的使用案例，开始软件的建模过程。

文档二：业务需求分析（节选）

文档编号：　　　　　　　　　　　　　　密级：

项目名称：U 集团成本管理系统

版本号：　　　　　　　　　　　　　　　页数：

拟制：成本调研组　　　　　　　　　　　日期：

审核：　　　　　　　　　　　　　　　　日期：

批准：　　　　　　　　　　　　　　　　日期：

修订历史如表 5-3 所示。

表 5-3　修订历史

日　期	版　本	描　述	作　者
20××-12-28	V1.0	根据用户需求整理得到	成本调研组

1　引言

1.1　编写目的

业务需求分析是从用户角度和业务层面详细描述用户的业务需求。它是需求分析文档的一部分。

1.2 项目背景

项目名称：U 集团成本管理系统

项目的委托单位：U 集团

开发单位和主管部门：××公司

调研部门与相关配合人员如表 5-4 所示。

表 5-4 调研部门与相关配合人员

序　号	部　门	人　员
1	资产财务部	主任会计师
2	资产财务部成本科	科长
3	资产财务部会计科	科长
4	××财务科	成本会计
5	××矿财务科	成本会计
6	××矿财务科	成本会计
7	××公司财务科	成本会计
8	××矿财务科	成本会计

1.3 术语定义

业务流程图：描述企业管理事务中各项业务流转过程的关系图。

业务需求分析：从用户角度分析对信息系统的要求。

1.4 参考资料

成本管理系统—业务流程

成本管理系统—业务场景

成本管理系统—数据需求

2　系统业务需求分析

2.1　成本计划

（略）

2.2　成本核算

成本核算系统功能描述如表 5-5 所示。

表 5-5　成本核算系统功能描述

需求 ID	分　类	系统功能描述	优 先 级
CBGL2-001	输入	归集生产成本、制造费用。按前面成本项目进行费用分配，如工资分配（表 MBCB-026 工资分配表）、电力分配（表 MBCB-025 电力消耗分配表）、福利费计提（表 MBCB-026 工资分配表）、材料分配（表 MBCB-024 材料消耗分配表）、折旧费计提［表 MBCB-031 规（固）定费用发生情况表］、大修费的分配和各项基金的计提［表 MBCB-031 规（固）定费用发生情况表］，按各部门提供的资料，分配到各单位、工作面、巷道进行账务处理	1 级
CBGL2-002	输入	汇总生成按工作面、巷道形成的成本表（表 MBCB-036 原煤生产过程直接成本计算表），计算单位成本和总成本，汇总生成按品种形成的成本表（表 MBCB-038 原煤成本表），计算出单位成本和总成本，此描述应和原场景描述一样，不同之处在于把工资、电力、材料、福利费、大修费、其他费用分配到工作面和巷道	3 级
CBGL2-003	审核	对单项工程核算进行审核	3 级
CBGL2-004	查询	对单项工程核算进行查询	3 级
CBGL2-005	输入	按工资分配汇总表［表 MBCB-013 工资汇总表（分工作面、断面、岩性、巷道、人数分列）］分配福利费，应付福利费总额=全矿应付工资总额×福利费计提比例。福利费计提比例是××%	2 级
CBGL2-006	查询	查询福利费计提金额	2 级

续表

需求 ID	分　类	系统功能描述	优 先 级
CBGL2-007	输入	确定管理费用项目。包括工资（表 MBCB-026 工资分配表），福利费（表 MBCB-026 工资分配表），工会经费和职教费（表 MBCB-026 工资分配表），办公费［表 MBCB-042 管理及财务费用表、MBCB-043 管理及财务费用表（续）］，招待费［表 MBCB-042 管理及财务费用表、MBCB-043 管理及财务费用表（续）］，养老保险和失业保险［表 MBCB-042 管理及财务费用表、MBCB-043 管理及财务费用表（续）］，折旧费［表 MBCB-042 管理及财务费用表、MBCB-043 管理及财务费用表（续）］，计提房产税［表 MBCB-042 管理及财务费用表、MBCB-043 管理及财务费用表（续）］，土地使用税［表 MBCB-042 管理及财务费用表、MBCB-043 管理及财务费用表（续）］，研究与开发费［表 MBCB-042 管理及财务费用表、MBCB-043 管理及财务费用表（续）］，取暖、降温费［表 MBCB-042 管理及财务费用表、MBCB-043 管理及财务费用表（续）］，其他费用［表 MBCB-042 管理及财务费用表、MBCB-043 管理及财务费用表（续）］	1 级
CBGL2-008	查询	查询管理费用项目	1 级
CBGL2-009	输入	编制工资分配表（表 MBCB-026 工资分配表）	1 级
CBGL2-010	审核	审核工资分配表	1 级
CBGL2-011	查询	查询工资分配表	1 级

2.3　成本考核

（略）

2.4　成本定额

（略）

说明：

业务需求分析是从用户角度和业务层面详细描述用户的业务需求，根据需求分析描述可以思考和分析未来开发的信息系统应该具备什么样的功能，具体的数据项要求可以参考各种表单。

(1) 引言部分介绍了本文档是做什么的，编写的目的是什么，界定了文档描述的范围，介绍了相关的术语定义，还说明了编写本文档需要参考哪些资料。

(2) 系统业务需求分析部分，分析了成本计划、成本核算、成本考核和成本定额各项业务，以及对软件的功能需求。“需求 ID”是软件应提供功能的更细的分类号。优先级分为 4 级。

- 1 级（高）：表示此需求是保证成功完成系统初始化设计的关键，是准确的需求。
- 2 级（中）：表示依据此需求可以成功完成系统初始化设计，但是却明显增大真实需求实现的不确定性。
- 3 级（低）：表示依据此需求可以基本完成系统初始化设计，但不是完整的真实需求。
- 4 级（将来）：表示没有此需求可以成功完成系统初始化设计，但它可能是用户期望的需求。

文档三：数据需求（节选）

文档编号：	密级：
项目名称：U 集团成本管理系统	
版本号：	页数：
拟制：成本调研组	日期：
审核：	日期：
批准：	日期：

修订历史如表 5-6 所示。

表 5-6 修订历史

日 期	版 本	描 述	作 者
20××-12-28	V1.0	根据用户需求整理得到	成本调研组

1 引言

1.1 编写目的

通过本文档可以详尽了解集团对成本管理工作的数据需求，以此作为后续项目开发的依据。

1.2 范围

在业务需求中所涉及的在软件开发过程中所必需的数据项及内容。

1.3 术语定义

无。

1.4 参考资料

各成本管理部门在实际业务过程中所涉及的单据、报表和其他资料。

2 数据需求点

数据需求点如表 5-7 所示。

表 5-7 数据需求点

数据表 ID	数据表名称	数据的描述	制作单位	接收单位	数据项
WBCB-001	领料单（原名：供应科料单）	各基层领料员根据经审核后的用料计划开具领料单经市场办、供应科审批后领料	各基层单位、供应科	矿财务科	具体参见实际表格
002	……				
003	职工工资表	矿工资科根据各基层单位提供的考勤表、工资定额计划编制该表	矿工资科	矿财务科	具体参见实际表格
004	工资汇总表	矿工资科各单位工资明细汇总编制	矿工资科	矿财务科	具体参见实际表格
005	工资汇总表（分工作面、巷道、人数分列）	矿工资科、计划科、技术科根据采掘生产月报及实际发放工资汇总编制	矿工资科、计划科、技术科	矿财务科	目前没有，建议增加
006	工资及工资附加费分配表（原名：工资分配表）	矿财务科根据工资科提供的月度工资汇总表编制	矿财务科	矿财务科	已收集
007	包干工资表	由用友软件支持自动生成	矿财务科	矿财务科	已收集
008	工资定额表	矿工资科根据近三年来工资实际情况及《××××年国家煤炭工资定额》并结合当年实际情况修订编制	矿工资科	矿财务科	
009	工资计划测算表	矿工资科根据年初计划与实际情况修订编制	矿工资科	矿财务科	目前没有，建议增加
010	工资计划表	矿工资科根据年初成本指标分解表编制	矿工资科	矿财务科	目前没有，建议增加
011	矿人员工资考勤表	矿工资科根据矿各基层单位考勤表汇总编制	矿工资科	矿财务科	
012	外委工程人工费计算表	工资科或计划科编制	矿工资科或计划科	矿财务科	目前没有，建议增加
	……				

说明：

（1）数据的描述：简要描述系统通过这些数据项实现的功能。

（2）数据项：简要描述参与系统功能实现的数据，例如，每个功能之间的数据传递，功能与系统之间的数据传递，系统与系统之间的数据传递等。

（3）有无约束条件：是否对数据项有长度、大小、类型等方面的要求，用 YES 或 NO 来回答。

（4）约束条件：如描述数据项有约束条件，描述数据项长度、大小、类型等的具体要求。

3 模块功能描述

模块名称：工资消耗分配。

本模块提供对工资及附加费（福利费、工会经费、职教经费）进行分配的功能。

- 通过与用友软件对接，调用各种奖金信息，自动形成奖金汇总表。
- 根据“成本基础信息—工资基础信息”的有关工资资料和奖金汇总表按单位、工资构成项目自动统计汇总。
- 根据“成本基础信息—工资基础信息”的有关工资资料和奖金汇总表按单项工程、工资构成项目自动统计汇总。
- 根据“成本基础信息—工资基础信息”的有关工资资料和奖金汇总表按生产辅助系统、工资构成项目自动统计汇总。
- 工资构成项目：基本工资、加班工资、计件工资、各种津贴、效益工资、年功工资、计件超额工资、缺勤工资、其他工资等。

- 在以上基础上自定义项目、公式，自动计算工资附加费，生成单位工资消耗分配表（MBCB-026-1）、单项工程工资消耗分配表（MBCB-026-2）、生产辅助系统工资消耗分配表（MBCB-026-3）。

4　数据模型

4.1　工资分配表

a．关联数据结构：无。

b．描述：（略）。

c．数据属性。

工资分配表的数据属性如表 5-8 所示。

表 5-8　工资分配表的数据属性

属 性 名 称	属 性 类 型	属 性 含 义
工资分配表编码	数字型，15 位	对工资分配表进行编号，以便系统查询
年份	日期型，10	对工资分配表年份进行确认，以便系统查询
月份	日期型，10	对工资分配表月份进行确认，以便系统查询
单位编码	数字型，15 位	对单位进行编号，以便系统查询
实发工资总额	数字型，30 位	对实发工资总额进行确认，以便系统查询
制表人	字符型，10	对制表人进行确认，以便系统查询
制表日期	日期型，10	对制表日期进行确认，以便系统查询

4.2　工资分配表明细

a．关联数据结构：无。

b．描述：（略）。

c．数据属性。

工资分配表明细的数据属性如表 5-9 所示。

表 5-9　工资分配表明细的数据属性

属 性 名 称	属 性 类 型	属 性 含 义
工资分配表编码	数字型，15 位	对工资分配表进行编号，以便系统查询
序号	数字型，10 位	对工资分配表进行编号，以便系统查询
部门编码	数字型，15 位	对单位进行编号，以便系统查询
基本工资	……	……
加班工资		
计件工资		
各种津贴		
效益工资		
单产奖		
安全奖		
抵押金		
材料煤质		
应发工资		
养老金		
医疗保险		
事业保险		
个人所得税		
通报罚款		
实发工资		

4.3　工资分配表人员明细

a．关联数据结构：无。

b．描述：（略）。

c．数据属性。

工资分配表人员明细的数据属性如表 5-10 所示。

表 5-10　工资分配表人员明细的数据属性

属性名称	属性类型	属性含义
序号	数字型，10 位	对工资分配表进行编号，以便系统查询
工资分配表人员明细	字符型，60	对工资分配表人员进行确认，以便系统查询
人员编码	数字型，15 位	对人员进行编号，以便系统查询
部门编码	……	……
基本工资		
加班工资		
计件工资		
各种津贴		
效益工资		
单产奖		
安全奖		
抵押金		
材料煤质		
应发工资		
养老金		
医疗保险		
事业保险		
个人所得税		
通报罚款		
实发工资		

说明：

数据需求文档就是要详尽了解集团对成本管理流程的数据需求，以此作为项目基线来进行后续的项目开发。

(1) 引言部分介绍了本文档是做什么的，编写的目的是什么，界定了文档描述的范围，介绍了相关的术语定义，还说明了编写本文档需要参考哪些资料。

（2）数据需求点是流程在流转过程中产生的信息流，通过各种表单来传递，需要描述表单从哪里（制作单位）流到哪里（接收单位），以及具体的数据项等信息。包括数据表ID、数据表名称、数据的描述、制作单位、接收单位、数据项等。

（3）模块功能描述部分，详细地描述该模块应当实现哪些功能，以及一些具体的要求。

（4）数据模型部分，以“工资分配”为例（有三个表单：“工资分配表”、“工资分配表明细”和“工资分配表人员明细”），介绍了流程对数据的要求，数据的属性名称、属性类型和属性含义等。这是软件开发时设计“表”及其中的数据项所必需的。

以上三个需求描述文档，即业务场景、业务需求分析、数据需求这三个文档相互补充，使得软件开发人员对成本管理方面的业务流程及流程流转过程需要的数据有一个全面系统的了解，为后续编写软件需求规格说明书打下基础。

需要说明的是，业务场景、业务需求分析、数据需求这三个文档并不是每个软件项目都必须要有的，或者也可以用其他类似形式的需求文档来描述需求。但通常最后会编写一个供软件开发人员使用的软件需求规格说明书。

5.3 定制与非定制的选择

企业在引入信息系统时往往面临如下选择：根据企业自身业务特点定制开发软件，还是直接选择成熟的软件产品。有些企业具备自己开发软件的条件，可以自己定制开发。自己不能开发的，企业可以请专业的IT公司进行定制开发。把定制开发软件与非定制开发软件（选择成熟产品）做对比分析，如表5-11所示。

表 5-11　定制开发软件与非定制开发软件的对比

对 比 项 目	定制开发软件	非定制开发软件
开发周期	长	产品化软件，拿来即用
费用	高	低
风险	较高	较低
对人员的经验和技术要求	高	低
个性化需求	满足或基本满足	不能满足
运维费用	高	低
升级费用	有	无

选择专业的 IT 公司定制开发软件的好处是 IT 公司经过长年的积累，在某些行业积累了丰富的经验。如果 IT 公司有同行业企业成功项目实施案例，那么可能定制开发的软件产品能够符合和满足企业的需求。但是，定制开发软件对 IT 公司的要求高，不仅要有优秀的经验丰富的设计人员，还要有熟悉企业业务的行业专家和信息化应用专家，而且定制开发的周期比较长、费用比较高。同时，由于项目组人员的频繁流动，存在较大的风险。另外，定制开发软件运维费用高。

案例 24：今后凡是没有用到系统的岗位一律裁掉

NN 公司正在召开信息化项目启动大会，会议室挤得满满当当，最后面还站满了一排人。无数双眼睛含着期待的目光，都希望通过公司实施信息化项目（包括 OA、ERP）后能够让企业的管理水平和信息化应用提升到一个空前的高度。为了让各单位各部门重视和支持这项工作，会上主管信息化工作的周总强调："今后凡是没有用到系统的岗位一律裁掉！”

随后发生的事情让项目组感到意外，各个单位和部门纷纷找到项目组，要求赶快给他们上系统，而且每次见到IT 公司项目经理刘经理都急切追问：“刘经理，我们啥时候上系统？”

一次刘经理在公司的餐厅就餐，快吃完饭时，餐厅的主厨走向刘经理，笑呵呵地问道：“刘经理，我们啥时候上系统？”

刘经理非常吃惊：“你们上什么系统？”

主厨：“我们当然要上系统，我们是做接待工作的，公司来的客户，事先要通知我们，客人啥时候来用餐？来几个人？用餐标准是多少？这些应当事先通知我们，我们好做准备啊！”主厨认为只要能够沾上系统的边，就能保住自己的岗位，不至于被裁掉。

刘经理听后明白了主厨的意思，感到很无奈，陷入沉思……

案例 24 中 NN 公司的做法虽然有点极端，但确实是真实发生的事情。任何项目领导重视是好事。但是，最主要的是要正确宣传和引导，不能误导。否则，定制开发的信息系统会走了样，或者变得异常复杂、不灵活、难用，甚至到最后项目没有结果，不了了之。

每个企业都有各自的特点，但是过分夸大其自身的特点，夸大个性化，或者一味追求个性化并不是明智的选择。即使做定制化开发，对企业来说，也不是开发得越多越好。应当在满足基本需求的前提下，尽量减少开发量。有时可以变通解决客户合理需求。对于不合理的需求要说服客户放弃。做定制开发要站在更高一个层次看待客户的需求，要考虑需求的合理性，要考虑是否符合业务流程优化原则，是否符合投入产出原则，是否具有行业普遍性等。如果不做深入分析，一味地满足用户的需求，甚至屈服于不合理需求的最终后果是践踏产品、导致项目失败！

IT 公司经过多年的发展，尤其是规模较大、实力雄厚的公司，在某些行业积累了丰富的经验，产品比较成熟，又有很多成功项目案例。因此，对于规模不大，也不太复杂的企业，选择业内比较成熟的 IT 公司的软件产品是一个明智的选择。这样做的好处是软件产品相对比较成熟，实施周期短，风险小。

5.4　软件功能与业务流程的匹配

案例 25：

我感觉好像身上穿着西服，脚上穿着草鞋

随着轰轰烈烈的 ERP 项目的实施完毕，LL 公司信息化建设也驶入了快车道。而且，正在做未来的 IT 规划。一是需要对市场做出快速响应，二是在同行中也不至于太落伍。毕竟是一家知名的上市公司，什么都不能落伍，信息化建设也是如此。可是，在接下来的应用中总感到 ERP 系统使用起来不是当初想象的那样。

在和来访的信息化专家交流时，公司信息化建设负责人任总说：“这个 ERP 不是我们想要的。不是说这个系统不能用，总是觉得不太好用。但是，我们也说不清楚到底哪里有问题。我感觉好像身上穿着西服，脚上穿着草鞋。我感觉这个系统与我们的业务很不协调。”顿了顿，有点无奈地说：“我们公司前几年效益不是太好，这几年效益才好起来，如果前几年效益好的话，我们就选择国外的 ERP 了。”

案例 25 中，LL 公司出现的这个问题说明 ERP 软件没有与业务流程很好地融合，没有很好地解决企业的问题，可以用，但是不好用，成了鸡肋，食之无味，弃之可惜。这种情况的出现一般有几种原因，要么是软件开发人员对业务不熟悉、需求分析没有做到位，要么就是没有优化流程，要么就是用现成的软件往业务上硬套造成的。所以，开发软件一定要先熟悉企业业务和业务流程，把需求分析做到位，要将信息系统融入企业的业务流程之中。

案例 26 是经过调研后针对 W 集团编写的软件需求规格说明书。软件需求规格说明书是为了使用户和软件开发者双方对该软件的初始规定有一个共同的理解而编制的一种规范性的文档，通过软件需求规格说明书，可以保证业务需求提出者与需求分析人员、开发人员、测试人员及其他相关利益人对需求达成共识，保证软件开发的质量、需求的完整与可追溯性。软件需求规格说明书是整个软件开发工作的基础。

某软件公司根据该集团提出的《W集团物资供应管理系统建设方案》，经过与集团相关部门负责人、业务骨干的充分沟通和交流，设计和编写了物资供应管理系统的软件需求规格说明书。软件需求规格说明书是描述企业的业务对信息系统的需求的文档，可作为软件设计与开发的主要依据。软件需求规格说明书一般包括以下内容。

（1）引言。这部分内容包括编写目的、项目背景、术语定义和参考资料。首先简明扼要地说明编写目的。软件需求规格说明书是系统分析师从整个系统的信息连贯性和业务流程优化角度出发，经过对系统的详细需求分析并进行功能建模和数据建模最终形成的需求分析文档。该文档将作为系统验收的标准和参考之一，指导系统设计和实现，是软件系统实现的依据。项目背景对本项目及项目的委托单位（甲方）和开发单位（乙方）做了介绍。术语定义是对文中出现的专业术语给出定义，便于阅读的人员对概念的正确理解，并保持理解的一致性，不至于出现理解上的偏差。参考资料对编写软件需求规格说明书所引用的资料给予说明，如项目合同等。

（2）项目概述。这部分内容包括系统建设的目标、系统现存功能、系统预期功能和预期获利。主要介绍了系统实现哪些功能，最终能为企业解决哪些问题。通过对现有的信息系统现存功能的分析，考虑需要增加哪些系统预期功能，最终能够带给企业哪些利益。例如，通过系统能及时传递信息，减轻工作劳动强度等。

（3）前提条件和开发技术。实现系统功能往往有一些前提条件（指业务角度），例如，客户（甲方）信息收集完整；各项初始化数据的准确录入；业务数据的及时与准确。所用的开发技术包括分析和设计方法、开发语言、数据库和 WEB 服务器等。

（4）总体业务需求描述。先对企业业务做一个总体描述，描述整个业务的业务流程。然后再分模块从业务流程、数据信息和功能三个方面进行描述。详细描述每一项业务的流程，需要的数据信息有哪些，实现哪些功能，并对实现的功能进行详细的描述。因为篇幅限制，本案例仅仅列出部分内容。

案例 26：
准确描述软件需求——需求文档及内容

W 集团物资供应系统软件需求规格说明书（节选）

项目名称：

文档编号：　　　　　　　　　　　**密级：**

版本号：　　　　　　　　　　　　　页数：

拟制：　　　　　　　　　　　　　　日期：

委托方（甲方）：　　　　　　　　　日期：

开发方（乙方）：　　　　　　　　　日期：

目录（略）

1　引言

1.1　编写目的

软件需求规格说明书是系统分析师从整个系统的信息连贯性和业务流程优化角度出发，经过对系统的详细需求分析并进行功能建模和数据建模，最终形成的需求分析文档。该文档将作为系统验收的标准和参考之一，指导系统设计和实现，是软件系统实现的依据。

真实、全面、详尽的需求分析是软件开发成功的基石，而面向对象的需求分析是面向对象的软件设计、开发的基础。编制面向对象的项目需求分析，给设计人员提供面向对象分析设计的输入，帮助分析和设计人员进行下一步面向对象的开发。同时也可明确标识本系统将如何反映用户的业务和业务流程的现状及特点，如何通过软件技术来实现软件的功能，以满足管理需求。

1.2　项目背景

项目名称：W 集团物资供应管理信息系统

项目的委托单位：W 集团

开发单位：JK 公司

1.3　术语定义

（略）

1.4　参考资料

W 集团物资管理系统合同书。

说明：

引言部分介绍了为什么要编写软件需求规格说明书，软件需求规格说明书的作用，软件需求规格说明书编制要求，项目背景资料，以及需要参考哪些资料。如果有专业术语则需要加以解释，便于阅读者理解。

2　项目概述

2.1　系统建设的目标

（厂）矿各基层单位依据本单位的生产计划制订本单位的物资使用计划，驻（厂）矿供应站业务员汇总使用计划并结合所管库房库存对物资需求进行一次平衡利库，产生的物资需求计划以及移拨计划，上报集团供应公司，供应公司业务员汇总各矿需求计划并结合供应公司所有库房库存进行二次平衡利库，产生采购计划，上报领导审批，生效后组织采购。计划管理部进行物资移拨。各基层上报的使用计划和各供应站上报的需求计划被进行唯一标识，对各级平衡利库时分配量的物资数量、需要采购数量，以及生产领用的数量都进行跟踪记录。通过平衡利库，一方面有效地降低了库存物资储备成本，另一方面加强对基层单位需求计划的考核，使基层单位上报的物资需求计划越来越趋向于真实的生产物资需求，做到有效的材料成本控制。

供应商管理模块提供了对供应商按供货质量、供货价格、按期供货、售后服务设定权重等功能并对供应商进行综合评价打分，为采购招议标选择供应商提供统一的评价标准。通过供应商报价历史数据分析、供应商供货历史数据分析，给业务员提供了制定最佳采购策略的能力，从而降低物资采购成本。

采购管理提供了基于历史采购信息、供应商供货资质信息和市场反馈信息分解物资采购计划，通过对采购物资确定合理的物资采购方案的采购申请管理；提供了采购招标定分标、比价采购、定点采购等多种采购方式；提供了基于定标书、比价表自动生成采购合同功能；提供了合同的变更、作废、结转、核销和合同执行情况的动态跟踪功能，实现了对采购全过程有效控制；为业务员选择最优的采购策略提供了有力的保证。

基于采购合同，可以直接生成物资到货记录、质量检验单，质量检验单审批生效后，可以生成物资验收入库单；系统支持供应商供货到任一库房。提高采购业务的执行效率，确保数据正确，同时可动态掌握供应商合同执行情况。对于验收入库（有正式发票）的入库单系统在记库存账的同时自动记录应付台账，同时预留与供应系统与财务系统的接口。

在供应系统的库存管理模块，为各级库房的库存物资设置安全库存、警戒库存、超储库存、积压期限；物资储备数量低于警戒库存报警，系统提示库管员及时上报物资需求计划，进行采购；物资储备数量超过超储库存报警，系统提示库管员和供应业务员减少对该物资的采购；库房物资的安全库存、警戒库存、超储库存、积压期限的规则可以通过与实际发生情况进行对比，逐步趋向科学化，从而最大限度地降低物资库存。系统支持多类型、多地点的仓库管理，通过对物资库房的科学管理和物资信息的动态跟踪，实现物资的合理配送与发放控制，保证整个物资供应活动按质、按量、按期和按计划进行。

物资供应系统可以根据库房的进销存数据，生成库房的库存分析、材料消耗去向表等各种库存上报报表，生成材料收入表、消耗表、储备资金分析表等各种物资供应综合分析报表，并支持多方位、多角度的物资信息综合分析，在资金占用、物资积压、物资消耗、物资发放等方面提供丰富的分析功能。

2.2　系统现存功能

（略）（说明：JK 公司开发的物资供应系统软件现存功能模块很多，已经在同行业多家公司实施和使用，软件比较成熟。）

2.3　系统预期功能

（略）

2.4　预期获利

- 及时传递信息，减轻劳动工作强度。
- 增强管理透明度，利于及时调整策略。
- 加强过程控制，保证按要求执行。
- 加强欠款跟踪力度，加快资金周转。
- 实时了解库存状况，促进计划更准确，提高工作效率。
- 辅助物资管理决策，加强物资管理。

说明：

项目概述主要介绍项目的目标，软件需要实现哪些功能。此外，还与软件公司现有软件的功能做对比，找出差异部分，便于估算开发难度和工作量。最后简要介绍通过实施本系统将能够给企业带来的效益。

3 前提条件和开发技术

3.1 实现系统功能的前提条件（指业务角度）

- 客户（甲方）信息收集完整。
- 各项初始化数据的准确录入。
- 业务数据的及时与准确。

3.2 开发技术

分析和设计方法：用统一建模语言实现面向对象的分析和设计方法

开发语言：Java/采用 B/S 3 层结构

数据库：IBM DB2 UDB （版本：v ×.×/v ×.×）

WEB 服务器：IBM WebSphere Application Server （版本：v ×.×）

说明：

前提条件是从业务角度来看实现系统功能需要具备的前提条件，这些内容，有时企业不太注意，但又是非常重要、不可忽视的。开发技术介绍了本系统分析和设计方法，所用的开发语言和数据库，以及 WEB 服务器等内容。

4 总体业务需求描述

W 集团物资供应管理系统流程总图如图 5-3 所示。

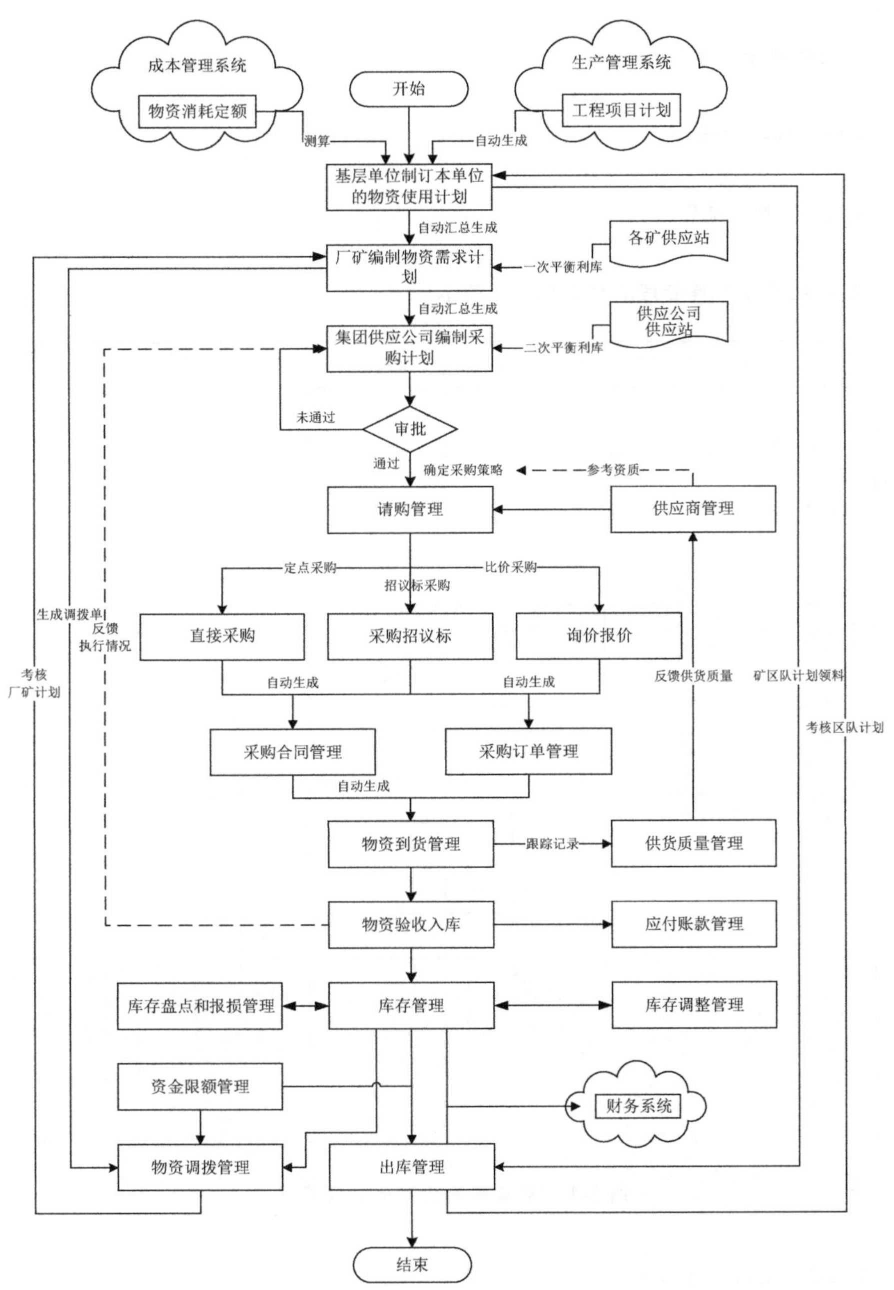

图 5-3　W 集团物资供应管理系统流程总图

（省略部分内容）

4.13 入库管理

4.13.1 业务流程

W 集团物资入库管理流程如图 5-4 所示。

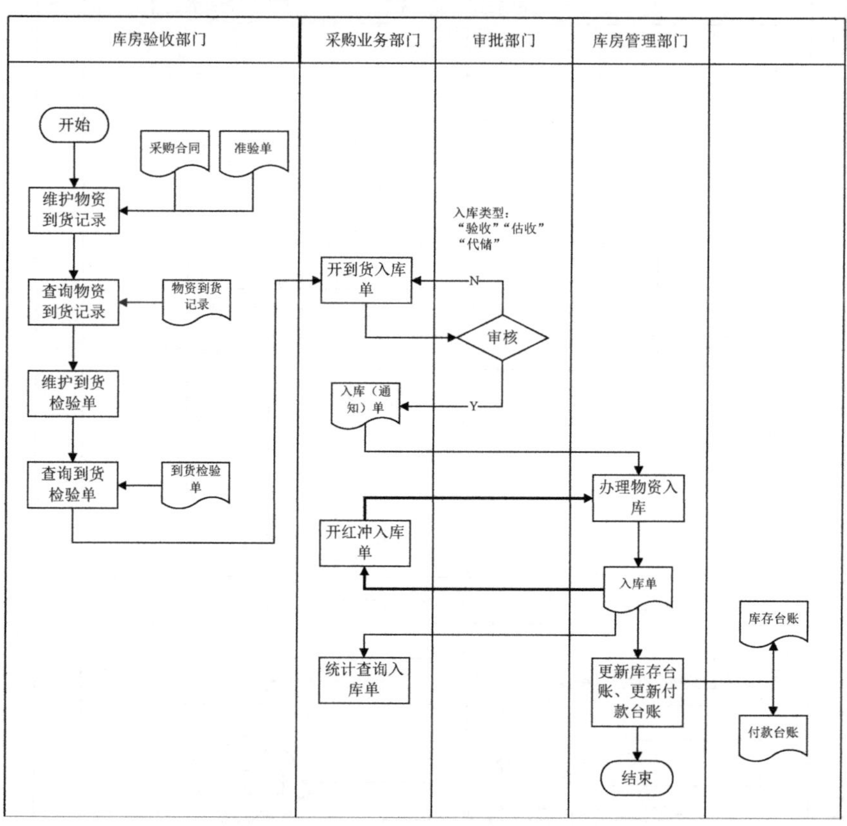

图 5-4　W 集团物资入库管理流程

4.13.2 数据信息描述

入库单信息中的数据项如图 5-5 所示。

入库单编码、货款金额、税额、计划金额、供应商编号、供应商名称、承运商编号、承运商名称、入库类型、入库日期、发票号码、承运发票号码、物资分类、物资分类编码、物资分类名称、型号图号、规格、生产厂家、仓库编号、仓库名称、检验单编号、采购合同编号、业务单位、业务员、录入单位、录入人、录入日期、红蓝标志、资金来源、备注
物资编码、物资名称、型号图号、规格、计量单位、应收数量、批次编号、不含税单价、含税单价、不含税金额、货款税额、价税合计、计划单价、计划金额、运费、杂费（装卸费）、运费税率
物资编码、物资名称、型号、规格、计量单位、库位编号、库位名称、库存数量

图 5-5　入库单信息中的数据项

4.13.3　功能描述

入库管理的功能描述如表 5-12 所示。

表 5-12　入库管理的功能描述

子模块名称	功能说明	补充说明	备　注
库存初始化	将系统启用之前的企业库存，以“初始化”入库单的形式入库，包括库存总量和各库位的库存。 建立企业各库房的初始库存账		
开到货入库单	依据物资检验单，开到货入库单。入库类型有验收、估收、代储。 代储物资统一流程做入库业务，只在入库单类型上区分。只有通过调拨到驻矿库房且供应方开发票后记录应付账款		
开红冲入库单	对已经办理入库的入库单，如果需要红冲，开红冲入库单。 红冲有“采购退货”“红冲”两种形式。对采购退货的红冲，不生成相应的蓝单。对“估收、代储”等红冲，可以同时生成相应的蓝单，支持用户修改价格，重新入库记账		
审核入库单	审核入库单		

续表

子模块名称	功能说明	补充说明	备注
办理物资入库	依据入库单，验收实物入库，并将入库物资的库位信息，记录到入库单上。 系统自动更新库存账，存货计价采用计划价。对于“验收入库”类型（有发票）的入库单同时记应付款台账		
库存月结转	结转会计周期表中最小年月且未结转的会计周期定义信息。 月末结转时，需要计算出当月调入库存最终物资调拨成本差异。 本月收入材料的成本差异=（不含税货款小计+不含税运费+杂费）−材料的计划金额 月初结存存货的实际成本=结存存货的计划成本（+/−）结存存货应负担的成本差异 本月材料成本差异率=（月初结存材料的成本差异+本月收入材料的成本差异）÷（月初结存材料的计划成本+本月收入材料的计划成本）×100% 发出存货应负担的成本差异=发出存货的计划成本×存货成本差异率	会计周期为上月26日至本月25日。按各个单位的账套结转	
入库单统计查询	按照物资、库房、供应商等入库单的数据项信息，统计查询入库单		

说明：

总体业务需求描述是关键，也是难点。

这部分描述了总体业务，绘制了物资供应管理这项业务的流程总图，对总体业务的流程做了详细描述，从哪里开始，到哪里结束，需要实现的功能模块以及各个模块之间的关联关系。据此开发信息系统，将流程“固化”在信息系统里。

这部分还描述了本（子）系统与其他子系统（成本管理系统、生产管理系统、财务系统等）之间的关系，以便开发接口，提取数据。

案例中以入库管理业务为例，绘制了业务流程图，描述了每一项业务的详细流转过程，以及相应的信息流即传递数据的表单。对于表单中所需要的数据信息也做了详细描述，即需要哪些数据项。对每一个模块的功能和要求进行了描述，以此作为开发人员开发软件的依据。

5.5　确保系统成功实施

1. 谁来主导

案例 27：

谁不配合，你们就告诉我

RR 集团是一家上市公司，下属十家二级单位，涉及多个产业，这些下属的二级单位又分布在省内的多个地市，地域分散。

RR 集团除了财务和 OA 系统以外，其他业务仍然采用人工处理。尤其是物资的采购和库存管理，虽然每年的物资采购达到几十亿元，但是目前仍未有相应的信息系统，而同行业很多企业已经普遍用上信息系统。RR 集团曾经两次实施 ERP 系统，因为多种原因，最后都不了了之。

后来总经理让新上任的负责物资供应的副总经理方总负责信息化工作，并任命方总为信息化总负责人。方总是军人出身，转业后被分配到地方，安排到该集团，方总在公司工作二十余年，对企业的业务非常熟悉。方总办事雷厉风行，执行力强。领导决定再次实施 ERP 系统，优先运行物资供应系统，以此为基础拓展其他模块。随后，方总接触了国内多家 ERP 厂商，和这些公司的专家做了讨论和交流，又参观了几家公司，选中了在行业中有良好口碑的一家软件公司。

在启动大会上方总立下“军令状”，向各位领导郑重宣布：“如果项目不成功，我就辞职！”然后，对乙方项目组负责人李经理说道：“如果谁不配合，你们就告诉我！”

项目在按照计划有序进行。培训，需求调研，流程梳理和优化，定制开发，紧张的数据准备，系统安装、部署，试运行，系统切换，大约半年后系统正式上线运行。

系统正式上线运行几个月后，项目组到各地分公司检查系统使用情况，结果是“一切运行正常”。回来的路上，司机好奇地问：“我们的ERP就算成功了？”

李经理说：“你觉得呢？”

司机说：“我和你们跑了这么多分公司，反映都很好！”接着感叹道：“还是方总执行力强啊！我们集团曾经上了两次ERP都没有成功，看样子项目成不成功主要还看一把手的决心和执行力！”

ERP项目的确是“一把手”工程，尤其是大型企业。由于这类项目涉及流程优化、岗位职责的调整、利益的改变，会遇到各种各样的阻力。案例27中RR集团前两次实施ERP系统没有成功很大程度上与项目总负责人推动不力有很大关系。所以，一把手，包括各级一把手的重视非常重要。很多不成功的项目大都是因为一把手不够重视，常常在项目启动大会过后就看不到领导的影子，领导只想要结果，对过程不太过问，但最后往往得不到想要的结果。

企业信息化建设时间跨度大，项目周期长，涉及人员范围广，不仅涉及信息技术部门，还涉及各个业务部门。这期间需要做大量的协调和沟通工作，需要做大量复杂而细致的工作。那么应该由谁来负责统筹规划和协调，主导项目的实施呢？前些年企业这方面的工作都交给IT部门，由IT部门来负责。从项目执行情况来看结果不太理想，因为IT部门的人对业务不太熟悉，加上权力有限，推动起来很不容易。目前很多企业把这项工作交给了业务部门，尤其是比较强势的业务部门，由业务部门来负责和主导项目的实施工作。这样做的好处是业务部门对自己的业务非常熟悉，对自己的信息化需求最清楚也最迫切，推动起来比较容易，也避免了和 IT 部门扯皮的现象。

有些企业意识到信息化与流程密不可分，由熟悉业务和流程的业务人员与 IT 人员一起成立了流程信息化部，将信息化和流程两项业务整合在一起，这样做的好处是便于协调，便于从整个企业全局通盘考虑和规划流程与信息化建设。但是，不管由哪个部门负责，最重要的是责权的对等，有了责任，就必须赋予相应的权力，尤其是用人权和考核权，负责这项工作的部门应当有对参与项目的相关部门的考核权。

信息化建设不仅仅是一个高投入的技术性项目，更是一个提升企业管理水平的系统工程项目。企业在实施流程和信息化项目时需要建立项目组，项目组中要有流程管理和信息化方面的专家，还要有 IT 部门和相关业务部门的负责人及业务骨干，由项目组负责共同完成流程和信息化项目。

2. 做好计划，把项目整个过程想清楚

科学、合理、可行的项目实施计划是项目成功的保证，是项目实施的指导性文件，也是进行项目实施过程跟踪监测的依据。对于 IT 项目，尤其是大型 IT 项目，项目涉及人员众多，为了协调各项工作，有条不紊地开展工作，并按期完成项目的各项工作，需要制订一个项目实施计划。

在软件项目管理过程中，一个关键的活动是制订项目实施计划。软件项目实施计划是软件开发工作的第一步。项目实施计划为项目负责人提供一个框架，使之能合理地估算软件项目开发所需的资源、经费和开发进度，并控制软件项目开发过程按此计划进行。软件项目实施计划主要包括确定项目目标和项目实施范围，定义工作成果，评估实施过程中主要的风险，制订项目实施的时间计划、成本和预算计划、人力资源计划等。

案例28是某公司某软件项目实施计划，是一个客户化定制开发软件项目的计划，本案例具有一定的代表性和典型性。

项目的实施必须要有一个确定的目标，项目的目标要在IT公司和客户之间达成一致，而且必须明确、具体、切实可行。

在确定了项目目标之后，还需要界定项目范围和内容，分清楚哪些属于项目范围内的工作内容，哪些不属于项目范围内的工作内容，以明确双方职责和义务，避免后期产生纠纷。此外，还需要明确项目里程碑及交付成果。

需要确定项目每个阶段投入的资源，以便合理安排资源，避免浪费资源或资源不能及时到位而影响项目进度。

由于项目管理是一个带有创造性的过程，在项目早期计划中存在较大的不确定性，所以项目实施计划不可能全部一次性完成，在执行的过程中需要不断地滚动修正。

案例28：
Y公司某软件项目实施计划（节选）

1 项目概述

1.1 编写目的

1.2 项目背景

1.3 项目类别

1.4 参考资料

2 项目目标及功能界定

3 系统实现方法和策略

3.1 过程策略模型

3.2 软件开发方法、工具和技术

3.2.1 体系结构

3.2.2 开发技术

3.3 非技术限制条件

3.4 交付软件产品

4 项目自定义软件过程

4.1 项目遵循的过程标准

4.2 过程阶段裁剪

4.3 过程详细裁剪

4.4 过程文档补充

4.5 项目支持工具

5 项目估算

5.1 物资供应系统估算

5.2 项目风险列表

6 项目组织与团队规划

6.1 项目领导小组

6.2 企业项目经理

6.3 项目职能小组

6.4 项目 IT 小组

6.5 数据准备小组

6.6 项目质量控制小组

6.7 ××软件公司项目组

7 项目质量控制规划

8 项目综合管理

8.1 项目实施管理过程中的关键控制点

8.2 项目管理制度

9 阶段、里程碑目标计划

9.1 项目策划和启动

9.2 物资供应系统阶段计划

9.2.1 需求调研及差异确认阶段

9.2.2 数据准备及软件定制开发阶段

9.2.3 安装部署及模拟运行阶段

9.2.4 系统培训阶段

9.2.5 系统上线试运行阶段

9.2.6 系统验收阶段

10 风险管理计划

11 项目实施计划变更管理

12 配置管理

12.1 关键角色组成及职责

12.2 政策与制度

12.3 配置项识别

12.4 配置管理活动计划

13 测试计划

13.1 测试范围

13.2 测试重点

13.3 测试策略

13.4 测试方法

13.5 测试里程碑

说明：

（1）项目概述包括编写目的、项目背景、项目类别和参考资料。编写目的是要说明为什么要编写本项目计划。项目背景对项目做一个简要介绍，介绍项目名称，项目实施的企业环境，项目委托单位（甲方），项目开发单位（乙方），项目工期要求，什么时候启动，首次交付的时间，完成系统验收的时间等。项目类别分为两种：直接用现有成熟产品实施的项目和需要在现有产品上做二次开发的项目。参考资料介绍了编写本项目计划需要参考的一些资料。

（2）项目目标及功能界定。介绍了本项目的目标，对要实现的功能做了界定。

（3）系统实现方法和策略。介绍了过程策略模型，软件开发方法、工具和技术，非技术限制条件和交付软件产品。

（4）项目自定义软件过程。包括项目遵循的过程标准、过程阶段裁剪、过程详细裁剪、过程文档补充和项目支持工具等。

（5）项目估算。对软件规模和软件工作量做出估算，并列出项目风险列表。

（6）项目组织与团队规划。实施项目的过程中有大量的工作需要完成，需要建立相应的组织作为保障，包括项目领导小组、企业项目经理、项目职能小组、项目 IT 小组、数据准备小组、项目质量控制小组、××软件公司项目组等。

（7）项目质量控制规划。为保障项目的成功实施而制订的质量控制计划。

（8）项目综合管理。这部分内容包括项目实施管理过程中的关键控制点和项目管理制度。

（9）阶段、里程碑目标计划。根据项目工程涉及系统范围广的特点，本项目计划将项目任务分解到若干阶段，分步骤达到项目最终目标。本项目分为以下几个阶段：需求调研及差异确认阶段、数据准备及软件定制开发阶段、安装部署及模拟运行阶段、系统培训阶段、系统上线试运行阶段和系统验收阶段。

（10）风险管理计划。提前对本项目的项目风险进行预测并制定应对措施。包括风险描述、发生概率、危害程度、风险等级、风险标志、风险防范及应对措施、风险识别日期等。

（11）项目实施计划变更管理。对于定制开发的管理软件，在实施的过程中出现变更是很常见的现象。但是，需要对变更进行管理，避免失控。

（12）配置管理。主要内容包括关键角色组成及职责、政策与制度、配置项识别、配置管理活动计划等。

（13）测试计划。针对开发的软件所做的测试计划，包括测试范围、测试重点、测试策略、测试方法、测试里程碑等。

3. 识别项目风险

案例 29：
签订项目合同时我们还是一张白纸

SS 公司正在准备上 ERP 系统，公司的领导希望先对流程进行全面系统的梳理和优化，然后再上系统，希望流程优化要考虑到将来的 ERP 系统，要将两者有机地结合起来，不要形成“两张皮”。公司请来了某 IT 公司为他们实施项目。

在研讨会上公司项目负责人丁总对 IT 公司的张经理说：“我们对流程优化和 ERP 懂得不多，可以说我们是一张白纸。希望你们多教教我们，我们完全听你们的。”

在项目实施了一段时间后，公司发现有一些地方不太妥当。丁总对张经理说："软件的这些功能好像不是我们想要的，不适合我们。"

张经理："这个需求我们当初问过你们，征求过你们的意见，你们说完全听我们的。所以，我们才这样做的啊！"

丁总："签订项目合同时我们还是一张白纸。我们当初不太明白，你们当初问我们，我们还以为是我们想象中的那样，没有想到现在看到的是这个样子，开发的一些功能根本不是我们想要的，而且软件操作起来很麻烦。我们认为这个软件不太适合我们。"

……

案例 29 中 SS 公司遇到的问题说明，作为外部 IT 公司应当听取企业管理人员和业务人员的意见和建议。但是，不能全部按照他们说的做。因为用户可能对需求说不清楚，说不准确，说不全面。如果用户理解错了，理解片面了，或者认识不到位，会导致开发的软件不是企业想要的。这种风险在定制开发的软件中常常出现。为了避免这种风险，应当挑选有行业经验的 IT 人员和熟悉企业业务的行业专家组成团队，一起与客户交流，分析需求，确认需求，避免"失之毫厘，谬以千里"的情况发生。

关于项目实施风险的识别和控制在此做一个简要介绍。

在项目实施过程中会遇到各种各样的风险，在项目实施前就要预估可能存在哪些风险，分析风险发生的原因并采取相应的风险应对措施，以避免或减少产生的损失。流程和信息化项目有以下这些常见风险。

- 变革风险。业务流程再造和信息化牵涉人员岗位的调整、权力重新分配、组织机构改变等，这些都会遇到阻力；有时员工的观念仍未发生变化，导致新的工作流程可能会渐渐被废弃；流程重组的策略和 ERP 策略不一致，可能会造成“两张皮”的情况。所以，在变革之时需要转变员工观念，需要在企业内部进行上下沟通，进行宣传和引导，使全体员工明白这些变化是为了使企业运营效率提高，使企业有更好的发展。

- 企业内部环境风险。没有建立领导层的共识，得不到领导的重视，或者领导缺乏支持的经验，企业战略和管理模式的调整，资金、人事及对信息系统的政策变更等，都会给项目带来风险。高层领导不够重视，参与项目的时间少，一旦项目出现问题无法及时解决，会造成项目推动困难，项目组成员逐渐失去信心。对于这类项目，除了要明确项目责任，建立定期的项目汇报和沟通机制也是一种比较好的方法。
- 软件风险。可能存在以下风险：ERP 中的流程仅仅是人工流程的翻版，没有优化；软件系统选择失当；软件功能不够，或者不能根据业务的变化进行调整；对业务部门的需求了解不够、需求分析不到位；或者仅仅看软件演示来选择软件，在使用时才发现软件功能不能满足企业需求；软件细节处理不到位，操作复杂、易用性差。对于这些风险，企业可以由 IT 部门和业务部门的人员成立一个小组，做好需求分析，共同完成软件的选型。
- 项目范围和需求风险。可能存在以下风险：项目范围不明确；需求不明确；需求调研不细致。这些都会对项目的实施产生重大影响。项目都有一定的实施周期和资源的投入，不确定的项目范围会打乱项目实施进度计划。所以，在项目前期沟通和签订合同时项目范围和需求一定要界定清楚。需求调研一定要由既懂业务又对软件开发有一定了解的经验丰富的专家主导，需求调研要设计适当的模板，最后要形成完整的需求文档——软件需求规格说明书，而且要经过甲乙双方讨论，达成共识。
- 人员风险。对于实施周期比较长的项目，甲方和乙方人员都可能会发生变动，造成后来的人对前期项目情况不了解，接续不上，或者理解不一致。保持人员的稳定对于项目的正常实施是非常重要的，对于项目周期比较长的项目可以多安排一些人员加入项目组，如果人员有变动，可以做到充分的交接。此外，管理培训不足，员工不具备新的工作环境所需的技能，业务骨干和专业人才流失，也会对项目产生一定的风险。

- 实施风险。可能存在以下风险：项目延期，实施成本增加，实施过程中需求变更，没有建立起有效的沟通和激励机制，无法取得员工的广泛参与和支持，存在短期行为，工作热情已耗尽，变成纯 IT 项目等。为了避免这类风险，需要严格按照项目计划执行，将计划分解、细化，将工作任务落实到具体的人。可以将总体计划在实施的过程中分解成若干个阶段，每个阶段的计划再做细化，通常还需要做周计划和周报，将计划中的任务分解到每周甚至每天，每周做总结，形成周报，报送有关领导。对于需求变更要严格控制，根据项目管理制度，严格按照变更流程执行。此外，对于需求变更发生的费用和实施周期的变化也需要明确，并由双方项目负责人认可和确定。
- 数据风险。基础数据的规范定义和整理也同样值得注意。如果企业的各种基础数据比较多的话，基础数据的准备工作量会很大，数据准备组的人员会很多，常常会出现数据不规范、不准确的问题。为了避免数据的不规范、不准确，需要对数据准备小组的人员进行适当地培训，安排工作细心、责任心强的人员承担数据准备工作，而且定期对数据的规范性、准确性进行检查，总结经验，避免差错的重复出现。

4. 信息化监理为信息化保驾护航

案例 30：

我还从没见过客户到我们公司检查工作呢

WW 市政府信息化的某个项目已经进行了很长时间，按照项目实施计划，已经到了软件安装部署和对人员进行培训的时间了。可是，直到现在还没有见到软件安装部署和实施的迹象。每当问起 IT 公司的项目经理孙经理时，孙经理总是回答："快了！快了！"作为乙方的项目经理，孙经理的确对项目的软件开发做了大量的工作，也一直在催促项目开发人员，可是项目仍然延后了。

市政府信息化项目负责人周处长也很着急，于是找来他们聘请的第三方信息化监理公司的专家商量对策。信息化监理专家提出了一个建议："我们可以去 IT 公司催一催他们，也顺便看看他们软件开发的进展情况，了解一下存在什么问题。"听到这个建议周处长来了兴趣："这倒是个好办法！有时候项目经理不好要求自己公司的领导和其他部门优先安排自己的项目。"

接到周处长要到公司参观的请求，IT 公司孙经理非常吃惊："我还从没见过客户到我们公司检查工作呢！"孙经理向公司转达了客户的想法，经过公司开会商议，同意了客户的请求。

随后，周处长和信息化监理公司一行六人由孙经理带领到公司参观和交流。周处长询问了开发和测试情况，查看了测试记录，了解项目进度，督促增派人手，保证项目不再延期。此后，软件很快开发和测试完毕，进入安装、部署和培训阶段。

案例 30 中，WW 市政府信息化项目聘请外部专家为其做参谋是一种明智的做法。软件开发和实施项目是一项比较复杂的工程，尤其是定制开发的软件项目，常常会出现各种各样的问题。客户往往对软件开发和实施过程不太熟悉，有时候也不太理解，项目延期时感到束手无策。遇到这种情况，聘请信息化监理是一个比较好的选择，这些专业公司对软件开发和实施的整个过程非常熟悉。他们专业、客观、公正，他们还可以从中间协调甲乙双方，包括协调甲方内部或者乙方内部的一些事务，有时甲方或乙方不好说的话，信息化监理可以说，进行协调，解决问题，推进项目。

经常听到企业信息主管们抱怨IT项目没有达到期望的目标，其中的"豆腐渣"工程也不少。因为IT项目很强的专业性，而且需要丰富的IT项目实施经验，企业往往缺少这方面的人才。所以，现在有些企业引入了第三方监理——信息化监理。信息化监理的出现，降低了大型IT项目的风险。它的发展和完善，也将使IT产业加快步入良性发展轨道。

2002年，原信息产业部正式颁布了《信息系统工程监理暂行规定》。其中规定投资在200万元以上的信息化项目必须有第三方的监理。这在制度上拉开了我国信息化建设走向科学化、专业化的序幕。

信息化监理是一种基于IT专业评估、过程控制、系统评测和技术调研的服务模式，它贯穿信息系统工程项目的投资决策、设计、施工、验收、维护等各个环节，对项目的投资、工期、质量、合同等多个目标进行严格的事前、事中和事后控制，其最终目的就是对工程的全过程进行有效的监管，使工程的建设得到有效控制，从而降低工程风险。

监理方熟悉信息技术，能够向甲方提供他们所需要的专业知识，使得甲方所缺乏的知识得到了补偿，能够对乙方提出的信息系统建设方案进行评价和选择，从而改变甲方在与乙方对话中的不利地位。监理方还可以看到乙方的工作成果，降低了因乙方的隐蔽行动而造成的"道德风险"。监理方还能对甲方的工作态度和工作方法进行监督，从而降低信息化建设中因甲方的失误造成的风险。所以，有了这个第三方信息化监理可以在相当程度上使建设项目的过程和结果得到保证。

信息化监理在信息化建设中处于越来越重要的地位，信息化监理从第三方的角度不断地促进IT市场的成熟和发展。虽然增加了项目的成本，但是从长远来看，信息化监理的存在提高了项目成功的比例。信息化监理规范的工作流程、管理方法和手段，保证了项目的质量，降低了项目维护费用，从而降低了项目的运营成本。

信息化监理一般包括以下内容：项目的质量控制、进度控制、投资控制、变更控制、信息安全管理、知识产权管理、合同管理、信息管理和组织协调。根据我国信息系统工程监理实践，信息系统工程监理的首要任务是要确定质量、进度和投资额等建设目标，然后在项目实施过程中跟踪纠偏。

- 质量控制。主要是通过质量控制点在监理各个阶段进行控制。如招投标及准备阶段的项目建议书的审查、可行性研究报告的审查、承建单位技术资质的审核、承建单位提供的各类设计实施方案的审查；设计阶段的项目总体方案的质量控制，包括工程总体技术方案、承包商提交的项目计划、工程质量保证计划和项目质量控制体系、工程进度计划等；实施阶段的督促承建单位完善工序控制、协助业主对严重质量隐患和质量问题进行处理、工程款支付、签署质量认证等；验收阶段的验收资料准备、验收程序、验收内容等。
- 进度控制。进度控制是通过一系列手段，运用网络计划、甘特图等工具和方法，使工程项目建设工期控制在项目计划工期以内。
- 投资控制。目标是通过组织、技术、经济合同措施，使项目实际投资不超过项目计划投资，主要通过核实设备价格、审核修改设计和设计变更等手段加以控制。
- 变更控制。通过建立一个完整的变更控制系统，对变更进行有效的风险预测、分析和监管，通常的变更有需求变更、费用变更、合同变更等。
- 信息安全管理。主要是通过对信息系统方案设计进行审核、对设备选型进行把关和在实施过程中严格进行工程质量控制等措施，确保信息系统工程符合业主对信息安全的要求和国家相关信息安全规范。
- 知识产权管理。知识产权管理贯穿于整个项目的全过程，包括工程方案设计、设备选型、设备采购、软件开发等。监理工程师应按照国家有关知识产权保护的规定严格要求信息系统工程建设方遵照执行。

- 合同管理。严格按照合同的约定执行，它是进行目标控制的有效工具。
- 信息管理。对项目实施的文档和信息进行管理，它是实现控制目标的基本前提。
- 组织协调。组织协调包括人际关系、组织关系、资源供求、信息交换等方面。

参考文献

[1] 李庆能．优秀流程可以复制[M]．北京：电子工业出版社，2015.

[2] 曹晓东．企业信息化管理[M]．北京：企业管理出版社，2015．

[3] 马化腾，等．互联网+：国家战略行动路线图[M]．北京：中信出版集团股份有限公司，2015．

[4] 张波．O2O 落地：触点场景派的 27 堂必修课[M]．北京：机械工业出版社，2015．

[5] 何鹏涛，薛大龙．信息系统监理师教程（第 2 版）[M]．北京：电子工业出版社，2015．

[6] 项建标，蔡华，柳荣军．互联网思维到底是什么：移动浪潮下的新商业逻辑[M]．北京：电子工业出版社，2014．

[7] 乌尔里希・森德勒．工业 4.0[M]．邓敏，李现民，译．北京：机械工业出版社，2014.

[8] 迈克尔・哈默，詹姆斯・钱皮．企业再造[M]．王珊珊，等译．上海：上海译文出版社，2007．

[9] 李・克拉耶夫斯基，拉里・里茨曼．运营管理——流程与价值链（第 7 版）[M]．刘晋，向佐春，译．北京：人民邮电出版社，2007．

[10] 沈同，姚晓静，王长林．企业标准化基础知识[M]．北京：中国计量出版社，2007．

[11] 孟秀转，于秀艳，郝晓玲，等．IT 治理：标准、框架与案例分析[M]．北京：清华大学出版社，2012．

[12] 苏宝莉．IT 项目开发与管理[M]．北京：机械工业出版社，2012．

[13] Joseph Phillips．实用 IT 项目管理（原书第 3 版）[M]．崔曼，廖彬山，译．北京：机械工业出版社，2011．

[14] 中国质量新闻 http://www.cqn.com.cn/news/zgzljsjd/994508.html

反侵权盗版声明

电子工业出版社依法对本作品享有专有出版权。任何未经权利人书面许可，复制、销售或通过信息网络传播本作品的行为；歪曲、篡改、剽窃本作品的行为，均违反《中华人民共和国著作权法》，其行为人应承担相应的民事责任和行政责任，构成犯罪的，将被依法追究刑事责任。

为了维护市场秩序，保护权利人的合法权益，我社将依法查处和打击侵权盗版的单位和个人。欢迎社会各界人士积极举报侵权盗版行为，本社将奖励举报有功人员，并保证举报人的信息不被泄露。

举报电话：（010）88254396；（010）88258888

传　　真：（010）88254397

E-mail：dbqq@phei.com.cn

通信地址：北京市万寿路173信箱　电子工业出版社总编办公室

邮　　编：100036